Hallo, liebe(r) ______________________!

(dein Name)

Du bist in der 4. Klasse und möchtest nach der Grundschule gerne die Realschule besuchen? Müssen dafür deine Noten in Deutsch noch besser werden?

Dann hast du das richtige Buch in der Hand! Dieses Übungsbuch unterstützt dich auf deinem Weg in die Realschule und hilft dir, deine Noten zu verbessern. Es ist in vier Kapitel unterteilt: Rechtschreibung, Grammatik, Texte verfassen und Texten Informationen entnehmen.

Suche dir einfach ein Thema aus und trainiere ganz gezielt, was dir noch Probleme bereitet. Wenn du ein Thema bearbeitet hast, kannst du im Inhaltsverzeichnis abhaken, ob du fit für die Realschule bist oder ob du den Stoff nochmals wiederholen möchtest.

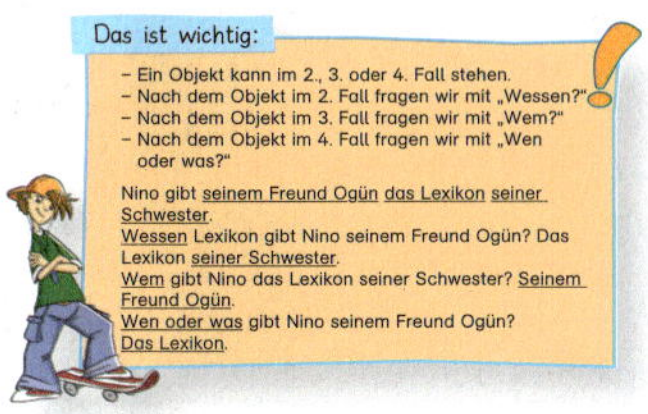

Das ist wichtig:

- Ein Objekt kann im 2., 3. oder 4. Fall stehen.
- Nach dem Objekt im 2. Fall fragen wir mit „Wessen?"
- Nach dem Objekt im 3. Fall fragen wir mit „Wem?"
- Nach dem Objekt im 4. Fall fragen wir mit „Wen oder was?"

Nino gibt seinem Freund Ogün das Lexikon seiner Schwester.
Wessen Lexikon gibt Nino seinem Freund Ogün? Das Lexikon seiner Schwester.
Wem gibt Nino das Lexikon seiner Schwester? Seinem Freund Ogün.
Wen oder was gibt Nino seinem Freund Ogün? Das Lexikon.

In jeder Lerneinheit wirst du Schritt für Schritt an das Thema herangeführt. **Regeln** in den orangefarbenen Kästen erklären dir, was wichtig ist. Du kannst auch gleich mit den Aufgaben beginnen und die Regel erst lesen, wenn du unsicher bist.

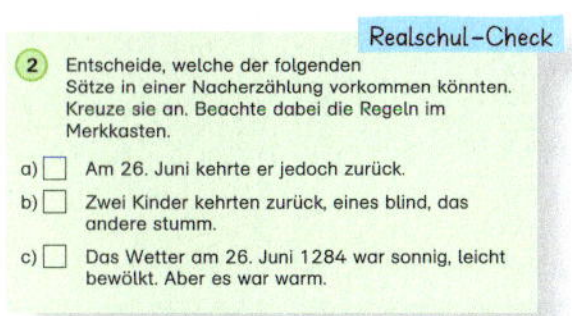

Realschul-Check

(2) Entscheide, welche der folgenden Sätze in einer Nacherzählung vorkommen könnten. Kreuze sie an. Beachte dabei die Regeln im Merkkasten.

a) ☐ Am 26. Juni kehrte er jedoch zurück.
b) ☐ Zwei Kinder kehrten zurück, eines blind, das andere stumm.
c) ☐ Das Wetter am 26. Juni 1284 war sonnig, leicht bewölkt. Aber es war warm.

Zu vielen Themen findest du am Ende einer Doppelseite den **Realschul-Check**. Diese Aufgaben zeigen dir, wie fit du schon bist. Kommst du damit klar, sollte deinem Weg in die Realschule nichts im Wege stehen.

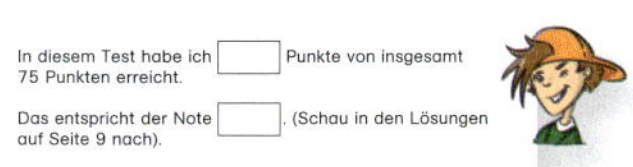

In diesem Test habe ich ☐ Punkte von insgesamt 75 Punkten erreicht.

Das entspricht der Note ☐. (Schau in den Lösungen auf Seite 9 nach).

Vier Tests zeigen dir, wie du stehst. Damit du weißt, wie gut du wirklich bist, kannst du dir für jeden Test eine Note geben. Die Lösungen und die Benotung findest du im **Lösungsheft**. So siehst du, ob du die Note hast, die du für die Realschule brauchst.

Inhalt

Texte verfassen

Texten Informationen entnehmen

Lange und kurze Vokale (Selbstlaute)

Das ist wichtig:

- Die Vokale (Selbstlaute) *a, e, i, o, u* können kurz oder lang gesprochen werden: *Falle, Brot.*
- Nach einem kurz gesprochenen Vokal werden meist zwei gleiche oder verschiedene Konsonanten (Mitlaute) geschrieben, manchmal sogar drei: *Kummer, Durst, Zucker, Tatze* (siehe Seiten 8–9).
- Oft werden lang gesprochene Vokale nicht gekennzeichnet, ihnen folgt meist nur ein Konsonant: *Brot, Schote.*
- Ein lang gesprochener Vokal kann durch ein Dehnungs-*h* gekennzeichnet werden: *Wahl, kehren, ihr, Mohr, Uhr* (siehe Seiten 6–7).
- Die Laute *au, äu, eu, ei, ai* sind Doppellaute.
- Manchmal wird der lange Vokal *a, e* und *o* verdoppelt: *Saal, Meer, Moor.* Ihre Umlautschreibung *ä, ö* wird nicht verdoppelt: *Saal – Säle.* Merke dir diese Wörter gut.
- Das lang gesprochene *i* wird oft *ie* geschrieben: *Liebe, schieben* (siehe Seiten 6–7).

1 Sprich die Wörter deutlich aus und setze unter die lang gesprochenen Vokale (Selbstlaute) einen Strich, unter die kurz gesprochenen einen Punkt:

Wagen	Hütte	Bild	viel	Gras	Dame
Kuss	Gruß	sitzen	Schuhe	Schiff	Knoten
Krähe	stark	Räder	Brombeere	Kuckuck	Hals
malen	Spatz	Zoo	Woge	Wonne	Frosch

2 Trage die Wörter in die jeweils richtige Spalte ein. Schreibe zwei Wörter in jede Zeile:

gesund	leer	Fuß	Schuft	Hammer	Puppe
frieren	ziehen	Beet	Mehl	wieder	Knoten
Dame	lachen	jammern	Wald	Bohne	essen

langer Selbstlaut	kurzer Selbstlaut

3 Fülle die Tabellen aus!

aa, ee oder oo?	Klee
	M___r
	___l
	P___r
	St___t
	Z___
	M___s

ä, ö oder ü?	K___bel
	S___nger
	M___bel
	M___dchen
	___ngstlich
	k___nnen
	fr___h

ei oder eu?	G___ge
	h___te
	M___nung
	Kl___dung
	B___te
	kr___zen
	H___

au, äu oder ai?	M___er
	B___erin
	S___gling
	K___f
	H___
	K___ser
	tr___men

Zu vielen Wörtern mit den Umlauten ä, ö und ü gibt es verwandte Wörter mit a, o oder u. Bist du dir unsicher, schlage im Wörterbuch nach und lerne die Wörter am besten gleich auswendig!

Realschul-Check

4 In diesem Text sind viele Vokale (Selbstlaute), Umlaute und Doppellaute verschwunden. Setze sie sinnvoll ein.

G___stern h___tte ___ch Str___t m___t m___ner Fr___ndin. S___ w___llte d___se Z___cke Annika z___m Sp___len mitbr___ngen. D___ k___nn ___ch ___berhaupt n___cht l___den. W___rum kl___ppt d___s b___ m___nem Br___der ___nd s___nen Fr___nden? D___ h___ben n___ ___rger. V___lleicht s___llte ___ch m___ch m___hr bem___hen! Annika ___st ___gentlich ___n n___ttes M___dchen. ___ch w___ll n___r n___cht, d___ss s___ m___r m___ne b___ste Fr___ndin wegn___mmt!

Das ist wichtig:

- Das Dehnungs-*h* steht in vielen Wörtern nach einem langen Vokal (Selbstlaut). Es steht oft vor den Buchstaben *l, m, n* oder *r*: *fahren, hohl.*
- Einen langen *i*-Laut schreibt man fast immer als *ie*: *Dieb, lieben.*
- In seltenen Fällen gibt es nur ein *i, ih* oder sogar *ieh*: *dir, Mandarine, ihm, Vieh ...*
  Präge dir diese Wörter gut ein.

1 Unterstreiche in dem Text die Wörter mit einem Dehnungs-*h*. Sortiere sie in die Tabelle ein (Verben in der Grundform).

Paul und Marlen planen eine Fahrt zum Mond. Ihnen steht die nagelneue Rakete ihres Vaters zur Verfügung. Er ermahnt seinen Sohn: „Gehe behutsam mit dem Gefährt um! Wir wollen euch im Juni gesund wiedersehen.“ Als Marlen ihren niedlichen Tiger in die Rakete zieht, protestiert ihr Bruder: „Musst du dieses Vieh mitnehmen? Willst du, dass ich gleich fliehe?“ Das Mädchen erwidert: „Hier bestimme ich, was geschieht!
Ohne mich wärst du nie auf die Idee gekommen, Papas Rakete zu benutzen!“ Der Countdown schreitet ohne Pause weiter. Noch zehn Sekunden! Mühelos beginnt das Abenteuer, und Paul sieht aus dem Fenster den Erdball wie im Kino vorbeifliegen.

Hörbares Dehnungs-h	Dehnungs-h vor l, m, n oder r
stehen	Fahrt

- Manchmal kannst du das Dehnungs-h beim Sprechen hören: sehen, gehen.
- Schreibe die Verb-Endung -ieren immer mit ie: telefonieren, zitieren.

2 In diesen Reihen sind Wörter mit langem *i* versteckt. Markiere sie, und schreibe die Wörter auf. Achte auf die Groß- und Kleinschreibung. Trage die Wörter in die jeweils richtige Spalte ein:

DKOWERUINEDKFIESDIENSTDKFAIEIGELDKFJEIFAÄVNSTIERNFIRWEVIEH
JFIEFSÄAEWIRKDFNBIRSPIELHIHGIHRUDKFIEROSINEKDKNVIOEKIESDKVN
SDFNIEKINODLNVIEEBVSHIERKSLNUIEOGESCHIEHTSKDVNBIERDIROENVF
DFROHFFPAPIEROSPFJOPGARDINESDKFIHNSKLDFGIERIGFKDSBIBELDFJ

Ruine, ______________________________

____

____

-ie	-ih	-ieh	Langes -i ohne Dehnungs-h

3 Bilde Wortfamilien, und unterstreiche den Wortstamm.

Brief: brieflich, ______________________________

wohnen: ______________________________

Musik: ______________________________

ziehen: ______________________________

ihr: ______________________________

drehen: ______________________________

fahren: ______________________________

Das ist wichtig:

- Nach einem kurzen Vokal (Selbstlaut) schreibst du fast immer mehrere Konsonanten (Mitlaute): *dunkel, schwanken.*
- Wenn du dabei nur einen Konsonanten hörst, musst du ihn doppelt schreiben: *rennen, Robbe.*
- Einige Wörter haben den Doppelkonsonanten am Wortende. Wenn sie mit anderen Wörtern zusammengesetzt werden, die mit demselben Konsonanten beginnen, bleiben alle drei Konsonanten erhalten: *Schifffahrt, Kennnummer.*

1 Füge die Silben richtig zusammen. Setze unter den kurzen Vokal einen roten Punkt, und kreise die Doppelkonsonanten ein. Achtung, hier ist ein Kuckucksei versteckt!

sam- flir- Klap- ret- Bril- krab- wan- Schlit- dop- bag- bil- schum- tref- schnap- Dog- schnur-

-lig -meln -fen -meln -gern -beln -ren -le -pelt -ge -dern -ten -ten -pen -ren -pe

sammeln, ______________________

____

____

____

Schreibe das Kuckucksei hier auf: ______________________

- Schreibe Wörter mit dem gleichen Wortstamm immer gleich: rennen – er rennt – Autorennen – Rennbahn.
- Wörter mit Doppelkonsonanten in der Mitte trennt man so: ren-nen, Tel-ler.

2 Bilde Wörter mit dem gleichen Wortstamm:

kommen – du ______________ – Ein ______________

klappen – es ______________ – ______________stuhl – auf______________bar

kennen – ______________ – ______________

3 Schreibe die Wörter nach Silben getrennt auf. Übe dabei, mit den Händen zu klatschen. Achte darauf, dass du den Konsonanten (Mitlaut) am Ende und am Anfang der Silben deutlich aussprichst.

Sammelstelle:	Sam-mel-stel-le	spannend:	______________
jammern:	______________	Kletteraffe:	______________
gammeln:	______________	Mittagessen:	______________
hoppeln:	______________	Waffel:	______________
klappen:	______________	rubbeln:	______________

4 Findest du Wörter mit drei gleichen Konsonanten?

Wett	Nummer
Ballett	Fahrt
Stoff	Tuch
Kenn	Tipp
Bett	Faden
Schiff	Tänzerin
Brenn	Sack
Fress	Nessel

Wetttipp

____

____

____

____

____

____

____

5 Setze die richtigen Doppelkonsonanten in den Text ein!

Einer der beka____testen deutschen Dichter heißt Friedrich Schi____er. Aus seinem spa____enden Drama „Wilhelm Te____" ke____st du vielleicht einige Zitate: „Die Axt im Haus erspart den Zi____erma____", „Wo rohe Kräfte si____los walten", „Es ka____ keiner in Frieden leben, we____ es dem bösen Nachbarn nicht gefä____t", „Durch diese hohle Ga____e mu____ er ko____en", „Der langen Rede kurzer Si____", oder „Zurück! Du re____est den Freund nicht mehr!"

Das ist wichtig:

- Der stimmlose *s*-Laut wird nach einem langen Vokal oder einem Doppellaut als *ß* geschrieben, wenn im Wortstamm kein Konsonant folgt: *Fuß, fließen.*
- Der stimmhafte *s*-Laut wird nach einem langen Vokal oder einem Doppellaut als *s* geschrieben: *Rasen, weise.*
- Merke dir: Nach einem langen Vokal oder einem Doppellaut schreiben wir den stimmlos gesprochenen *s*-Laut am Wortende manchmal nur als *s*: *Gras, Maus.*
- Nach einem kurzen Vokal folgt meistens ein *ss*: *Fass, lässig.*
- Das Bindewort *dass* wird immer mit *ss* geschrieben: *Es wird Zeit, dass ihr fertig werdet.*
- Den Artikel und das Pronomen *das* schreiben wir immer mit *s*: *Mir gefällt das Buch, das kaufe ich mir.*
- Nomen mit den Endungen *-nis* und einige Fremdwörter werden im Singular nur mit *s* geschrieben, im Plural aber mit *ss*: *Ärgernis – Ärgernisse.*

1 Sortiere die Wörter in die richtige Tabellenspalte ein. Achte bei der Aussprache auf die Länge der Vokale!

Schluss · wissen · weise · Masse · reißen · aus · Maß · Fußball · Rasen · nass · Glas · weiß · Eis · fleißig · (die) Rassen · Vase · reisen

Wörter mit langem Vokal oder Doppellaut und ß	Wörter mit langem Vokal oder Doppellaut und s im Wort	Wörter mit langem Vokal oder Doppellaut und s am Wortende	Wörter mit kurzem Vokal und ss
reißen	weise	aus	Schluss

2 Bilde Wortfamilien, und achte auf die *s*-Laute:

fressen: er frisst, das Fressen, der Fressnapf, der Fraß

essen: ______________________________

fließen: ______________________________

schließen: ______________________________

Ob „das" als Artikel oder Pronomen verwendet wird, kannst du erkennen, wenn es durch die Wörter „dies", „dieses" oder „welches" zu ersetzen ist.

3 Entscheide, ob du *das* oder *dass* einsetzen musst.

Julian erwartet, _____ die DFB-Elf bei der nächsten WM genauso gut spielt wie im Jahr 2006 in Deutschland. Sein Bruder Simon besitzt ein Album, _____ (welches) alle Mannschaften der FIFA-WM in Deutschland enthält. _____ (dieses) Heft, _____ (...) er immer bei sich trägt, enthält fast schon alle Sticker. Simon weiß, _____ sein Bruder neidisch darauf ist. ____ (...) lässt ihn jedoch kalt. _____ Julian aber sein Album ständig versteckt, _____ (...) erzählt er keinem. Vielleicht kann er sich dazu entschließen, _____ er Julian seine doppelten Bildchen schenkt.

4 Bilde entweder den Singular oder den Plural (Einzahl oder Mehrzahl).

Geheimnis –	Geheimnisse	Ergebnisse –	__________
Verzeichnisse –	__________	Kenntnis –	__________
Erlebnis –	__________	Zeugnis –	__________
Hindernisse –	__________	Ereignis –	__________

Realschul-Check

5 Setze den richtigen *s*-Laut ein.

Julian und Simon sind begei____terte Fu____ball____pieler. Im Training pa____en sie auf, da____ sie alle Anwei____ungen des Trainers angeme____en umsetzen. Mei____tens gelingt ihnen da____. Auch wenn sie am Schlu____ müde sind, rei____en sie sich zu____ammen und schie____en da____ eine oder andere Tor. Am Wochenende mu____ ihr Vater regelmä____ig mit auf den Fu____ballplatz und zu____ehen, wie seine Söhne über den Ra____en sau____en. Da – Julian gelingt ein wunderschöner Pa____! Zuvor hat er alle Hinderni____e umspielt. Simon erzielt schlie____lich da____ Tor, da____ die Ergebni____e der letzten Spiele verge____en lä____t. Papa ist völlig au____er sich. Sind seine Söhne nicht kla____e?

Das ist wichtig:

- Die Buchstaben *ck* und *tz* stehen nur nach kurzen Vokalen: *Wecker, Katze.*
- Nach den Buchstaben *l, n* oder *r* steht nur ein *k* oder ein *z.*
- Wörter mit langen Vokalen oder Doppellauten schreiben wir nur mit *k* oder *z*: *Haken, heizen.*
- Bei der Silbentrennung werden die Buchstaben *ck* nicht getrennt: *We-cker.*
- *tz* wird bei der Silbentrennung getrennt, wenn danach ein Vokal folgt: *Kat-ze.*

1 Hier fehlen die Buchstaben *tz* oder *z*. Sortiere die Wörter in die Tabellen ein!

schwitzen geizig Hei___ung Spa___ Pil___
plö___lich spa___ieren je___t zule___t Wi___
Ar___t stol___ schwa___en verle___en Pflan___e
Wur___el tro___dem Tän___er Hi___e gan___

tz	z
schwitzen	geizig

2 Bilde Reimwörter.

Mücke	eckig	Park
______	______	______
______	______	______
______	______	______

3 Hier haben sich Wörter mit *ck* oder *k* versteckt. Markiere sie, schreibe sie auf, und trenne sie (wenn möglich). Achte dabei auf die Groß- und Kleinschreibung!

Kdfjiowevölkeriöxdüdärdlschreckmqüydäblickenfjeidläapemückeepweesöpwdkparke
neüwqßvmsötzyxcheirgeschenküfäwghhakeneiwopvrüstreckeeowpoefschaukelsrkfjpe
oüblkpewoeriovnsplakatkdnsioewolkedknvopeievidkbackenksdfjeoidackeloefjivnaäpe

Völker, Völ-ker, ______________________________

____

____

____

4 Füge die Silben zu sinnvollen Wörtern zusammen, und schreibe sie in dein Heft.

wit- schmü- schreck- fle- Krü- sprit- Tat- Ze- Ge- Müt- le-

-cke -schenk -cke -cker -ze -ze -cken -ckig -lich -zig -zig

5 Der gleiche Text – einmal richtig, einmal falsch. Suche die Fehler, und kreise sie ein!

Mozart und die unglückliche Pamina

Wolfgang Amadeus setzt sich entsetzt und verzweifelt an seinen eckigen Schreibtisch. Er sollte seine Oper „Die Zauberflöte“ endlich fertig schreiben! „Oh zauberhafte Pamina, wie wird sich dein Schicksal nur erfüllen?“ Sie wurde von dem Sonnenkönig Sarastro entführt und in seinem Schloss versteckt. Ihre Mutter, die Königin der Nacht, herrscht über die Dunkelheit. Prinz Tamino soll die Prinzessin zurückholen, aber …

Motzart und die unglükliche Pamina

Wolfgang Amadeus sezt sich entsezt und vertzweifelt an seinen ekkigen Schreibtisch. Er sollte seine Oper „Die Zauberflöte“ endlich fertig schreiben! „Oh tzauberhafte Pamina, wie wird sich dein Schiksal nur erfüllen?“ Sie wurde von dem Sonnenckönig Sarastro entführt und in seinem Schloss verstekkt. Ihre Mutter, die Königin der Nacht, herrscht über die Dunckelheit. Printz Tamino soll die Printzessin zurükholen, aber …

Das ist wichtig:

- Für Wörter mit *F/f, V/v* und *Pf/pf* im Anlaut gibt es keine Regel.
- *ver-* und *vor-*, das weiß jeder Mann und jede Frau, schreibt man stets mit Vogel-*V*: *versprechen, vorsprechen.*
- Die Endung *-iv* wird ebenfalls immer mit *v* geschrieben: *aktiv, Detektiv.*
- Nach dem Buchstaben *m* folgt häufig ein *pf,* auch wenn du nur ein *f* hörst:
  impfen, Kampf.
- Mehrsilbige Wörter werden zwischen *p* und *f* getrennt, wenn danach ein Vokal folgt: *tap-fer, hüp-fen.*

1 Trenne die Wörter, und schreibe sie auf. Achte auf die Groß- und Kleinschreibung.

Fenstervollfarbigverkehrvielleichtfaserfantastischvulkanvorsichtfernefoltervetterfünfvers

Wörter mit v	Wörter mit f
voll	

2 *V* oder *W* im Anlaut?

Ventil ___asser ___ase ___ampir ___inter ___anille ___elt
___affel ___itamine ___irus ___anne ___ulkan ___erb

3 *Pf* oder *f?*

Dampf Nagel___eile Holz___eil stum___ ___eifen ___oto ___ote
dum___ Kram___ Strum___ Ko___ ___laster ___liege Zo___
Wettkam___ Kra___takt Bettzi___el Tie___see Bleisti___t

4 Setze die richtigen Wortbausteine *ver-*, *vor-*, *viel-*, *voll-* oder *vorder-* in die Überschriften der Tabelle. Vervollständige dann die Wörter in der Tabelle. Achte auf die Groß- und Kleinschreibung.

vor-	_____	_____	_____	_____
vorwärts	_____fach	_____seite	_____achten	vollbringen
_____spielen	_____leicht	_____grund	_____gessen	_____führen
_____machen	_____mehr	_____ausgang	_____legen	_____macht
_____mittag	_____seitig	_____pfote	_____lieren	_____enden
_____rang	_____zahl	_____achse	_____stand	_____strecken
_____rücken	_____sagend	_____indien	_____traulich	_____gas
_____tragen	_____fraß	_____rad	_____sprechen	_____jährig

5 Sortiere die Wörter nach ihrer Aussprache: *f* oder *w?*

Violine Vater Vampir vier brav Vetter negativ Veilchen Vase Larve
Vers Vulkan Nerv Viktor Villa Ventilator Kurve Virus positiv Vitamine

v wie *f*: ____________________

____

v wie *w*: ____________________

____

6 Finde ähnlich klingende Wörter mit *pf* im Anlaut:

der Flaum – die __________ fahl – der __________

der Fund – das __________ der Flug – der __________

7 Diese Wörter sind falsch geschrieben. Schreibe sie richtig, und zerlege sie auch (wenn möglich) in ihre Silben.

Fanne Hanpf Kämfe Flaster Naff Strümfe Firsich

____

____

Das ist wichtig:

Für die Schreibweise *b/p, d/t* oder *g/k* gibt es am Anfang und am Ende von Wörtern leider keine Regel. Sprich die Buchstaben am Wortanfang deutlich aus.

1 Suche aus einem Wörterbuch Wörter, die mit folgenden Buchstaben enden, und trage sie ein.

Wörter mit -b
der Raub

Wörter mit -p
der Lump

Wörter mit -d
das Rad

Wörter mit -t
der Rat

Wörter mit -g
der Anfang
klug

Wörter mit -k
krank

2 Finde zu den Wörtern aus Aufgabe 1 Verlängerungen (Plural, Grundformen usw.).

Wörter mit -b
die Räuber

Wörter mit -p
die Lumpen

Wörter mit -d
die Räder

Wörter mit -t
raten

Wörter mit -g
anfangen
klüger

Wörter mit -k
die Krankheit

3 Setze die richtigen Buchstaben ein: *b/p, d/t, g/k.*
Achte auf die Groß- und Kleinschreibung.

Die blon__e Cecilie und die dunkelhaari__e Fatma sin__ schon sehr lan__e Freun__innen. Lei__er __esuchen sie nicht die __leiche __lasse. Cecilie geh__ in die 4a un__ Fatma in die 4c. __ereits im Kindergarten ver__rachten die __eiden fas__ je__en Nachmitta__ miteinan__er. Sie fahren __ern mit dem Ra__ durch den Wal__ und über das Fel__. Die Mädchen haben diesel__e Lieblingsfar__e Gel__. Scha__e, dass sie nicht zusammen Urlau__ am Stran__ machen können, um Bur__en im San__ zu __auen. Fatma fähr__ mit ihren Eltern in ihre Heimat, in die Türkei.

Das ist wichtig:

- Wörter schreiben wir häufig mit *ä*, wenn es eine Grundform mit *a* gibt: *Blätter – Blatt.*
- Wörter mit *äu* haben meistens ein verwandtes Wort mit dem Doppellaut *au*: *Bäume – Baum.*
- Finden wir kein verwandtes Wort mit *a* oder *au*, so schreiben wir in der Regel *e* oder *eu*: *beten, Beute.*
- Für die Schreibweise mit *ai* oder *ei* gibt es leider keine Regel: *Laib – Leib, Mai – mein.*

1 Fülle die Tabellen aus!

ä oder e?	**äu oder eu?**	**ai oder ei?**
Schäden → Schaden	Träumer → Traum	Laich
kr___ftig → K___	H___te → H___	k___ner
Kn___bel	L___te	K___ser
Gl___ser → G___	schn___zen → Sch___	M___
H___bel	r___men → R___	T___l → t___
S___cke → S___	Fr___nd	S___l
___ngstlich → A___	t___er	M___n
schw___nken	gl___big → G___	M___s
erk___nnen	S___gling → s___	H___
dr___ngeln → D___	K___le	R___ter → r___
f___rtig	b___gen	T___fun
f___rben → F___	Geb___de → b___	K___

Nur wenige Wörter ohne Ableitung schreiben wir mit ä oder äu: Lärm, Säule.

Merke dir gleich klingende Wörter mit ai oder ei, die eine unterschiedliche Bedeutung haben, am besten im Zusammenhang: der weise Mann – Waisenkind, Buchseite – Gitarrensaite.

2 Finde verwandte Wörter mit *a* oder *äu*. Achte auf eingebaute Fallen!

ernähren	– Nahrung	kälter	– ________
Bänder	– ________	Märchen	– ________
er fängt	– ________	Nähe	– ________
ärgerlich	– ________	ängstlich	– ________
quälen	– ________	dämlich	– ________
Frau	– ________	Schaum	– ________
kaum	– ________	Saum	– ________
Pause	– ________	Haufen	– ________
Zauber	– ________	bauen	– ________
Glauben	– ________	faul	– ________

3 In diesem Buchstabenkasten findest du Wörter mit *ai*. Markiere sie!

G	B	S	Ä	W	T	S	A	I	T	E	P	Y	M	L	M	A	I	O	Z
S	H	H	A	I	B	Q	J	X	M	A	I	S	Ü	A	F	U	K	P	Ä
L	A	I	E	H	B	U	Ö	R	Q	O	A	V	K	A	I	S	E	R	T
H	W	R	A	J	L	A	I	C	H	L	U	Z	E	S	K	A	I	Z	B
F	I	L	A	I	B	C	H	K	M	W	A	I	S	E	M	K	Ö	Ä	R
H	C	E	Z	U	U	M	A	I	N	H	T	W	Q	Ü	P	A	X	G	K

Realschul-Check

4 Hier hat sich der Fehlerteufel eingeschlichen.
Schreibe den Text richtig in ein Computerprogramm ab, und benutze danach das Rechtschreibprogramm.

Lissy, das Seejungfreulein

Lissy lebt seit vielen Jahren im Main. Häute ist sie richtig gut ausgeschlafen. Fräudig denkt sie an ihre Treume aus den letzten Nechten. „Täusche ich mich, oder warten dort vorne meine Freunde auf mich, von denen ich getreumt habe?“, fragt sich das Seejungfreulein. Entteuscht bemerkt Lissy, dass sie sich geirrt hat. Um sich abzulenken, taucht sie auf und bemerkt am Kai ein Gedrenge. Viele kleine Seejungfreulein häufen sich an einem Punkt. Endlich bemerkt auch Lissy den Grund: Da schwimmt ja der Keiser der Seeungehäuer! Er tregt einen Käfig, in dem er seine Bäute spazieren führt! „Was machst du denn mit dem Fischleich?“, fragt das Freulein forsch. „Ich warte, dass sich daraus kleine Fischlein schelen. Die sind meine Laibspeise.“ Lissy setzt ihr schönstes Lächeln auf. „Willst du mir nicht die Fräude machen und mir deine Bäute schänken?“ Der Keiser schmilzt dahin und gibt ihr den Käfig. Rate mal, welche Pläne Lissy damit hat!?

Das ist wichtig:

- Für die Lautverbindung *ks* schreibt man in einigen Wörtern auch *chs, cks, gs* oder *x*: *Fuchs, tricksen, flugs, Hexe.*
- Es gibt nur wenige Wörter, die wir mit *gs* schreiben: *flugs, rings(um).*
- Wörter in den Personalformen oder Ableitungen werden mit den gleichen Lautverbindungen geschrieben: *wachsen – er wächst, tricksen – du trickst.*

1 Sortiere die Wörter mit *ks*-Laut in die Tabelle ein!

B O X E R D A C H S S C H N U R S T R A C K S F L U G S K N I C K S A C H S E K N A
C K S E N L I N K S G E W Ä C H S T A X I W E C H S E L N J U X S A C H S E N K L E C
K S N I X E K E K S P R A X I S S C H L A K S I G T R I C K S K O K S U N T E R W E G S

ks	chs	x	cks	gs
links				

2 Unterstreiche in den farbig geschriebenen Wörtern jeweils den *ks*-Laut.

„Verflixt“, denkt Max. „Schon wieder so eine Mathestunde.“ „Ich kapiere nix!“, flüstert er seinem Nachbarn Felix zu. „Könnte ich nur hexen, dann hätte ich das flugs verstanden.“ Für die nächste Unterrichtsstunde braucht er das Lexikon. Ihr Lehrer, Herr Fuchs, will von den Kindern wissen, wie Eidechsen und Dachse aufwachsen. Tags darauf in der sechsten Unterrichtsstunde erlaubt sich Alexia einen Jux. Sie klebt einen Keks mit Wachs am Lehrerpult fest. Doch Herr Fuchs isst ein Brot mit Lachs und würdigt den Keks keines Blickes. Da – schon hat er einen Klecks auf seinem Hemd. Max ist flugs unterwegs mit einem Papiertuch und entfernt fix den Klecks. In der Chemiestunde mixen Felix und Alexandra Flüssigkeiten zusammen. Es knackst und dampft im Reagenzglas und spritzt nach links und rechts!

3 Füge je ein Wort aus der 1. und der 2. Spalte zusammen. Achtung, manchmal musst du ein *s* einsetzen!

~~Geburtstag~~	Dose	Geburtstagskuchen
Kuckuck	händig	______
Box	Baum	______
Dachs	~~Kuchen~~	______
Buchs	Tropfen	______
links	Uhr	______
Sonntag	Fest	______
Keks	Kampf	______
Volk	Bau	______
Wachs	Essen	______

Ganz gleich, wie der ks-Laut geschrieben wird, er hört sich immer gleich an. Deshalb musst du dir die Schreibweise merken.

4 Setze den richtigen *ks*-Laut ein:

Zahl nach fünf	S _ _ _ _
Sagengestalt im Wasser	N _ _ _
Märchenfigur	H _ _ _
Süßwasserfisch	L _ _ _ _
Mädchenname	A _ _ _ _ _ _ _ _
Fleck	K _ _ _ _ _
Gegenteil von rechts	L _ _ _ _
„auf Achse“	U _ _ _ _ _ _ _ _
Zauberer kennen sie	T _ _ _ _ _
Der schmeckt süß.	K _ _ _

Das ist wichtig:

- Satzanfänge, Nomen und Eigennamen werden immer großgeschrieben: *der Baum, ein Haus, Tom, Emmentaler Käse, das Rote Kreuz.*
- Nomen erkennt man daran, dass ein Artikel davor steht oder stehen kann. Viele Nomen haben die Endungen -heit, .-keit, -nis, -ung, -schaft.
- Adjektive lassen sich mit „wie?" erfragen, Verben mit „was tut ...?" Viele Adjektive erkennt man auch an ihren Endungen -ig, -lich, -bar, -isch, -haft, -los und -sam. Die Verben haben in der Grundform die Endungen -en, -eln, -ern, -ieren, in der Personalform -e, -st, -t, -en, -t, -en.
- Adjektive und Verben werden in der Regel kleingeschrieben: *groß, neu, suchen.*
- Verben oder Adjektive werden großgeschrieben, wenn sie als Nomen gebraucht werden. Es stehen dann meistens ein bestimmter oder unbestimmter Artikel, ein Pronomen, ein Verhältnis- oder ein Zahlwort davor. Wir sprechen dann von einer Substantivierung: *das Lesen, etwas Schönes.*
- Ableitungen von geografischen Eigennamen mit der Endung *-er* schreiben wir groß: *das Frankfurter Würstchen.*
- Adjektive mit der Endung *-(i)sch,* die von Eigennamen abgeleitet sind, schreiben wir klein: *der spanische Stier.*

1 Setze den ersten Buchstaben ein, und entscheide dich für Groß- oder Kleinschreibung.

E/e: ____ntscheidung, ____ntscheiden, ____hrlich, ____hrlichkeit, ____hre

A/a: ____nfang, ____nfangen, ____nfänglich, ____hnung, ____hnungslos

F/f: ____ürchterlich, ____urcht, ____ürchten, ____urchtbar, ____urchtsam

P/p: ____rüfen, ____rüfung, ____raktisch, ____raxis, ____raktizieren

Z/z: ____ahlbar, ____ahlen, ____ahlung, ____ahl, ____ählen, ____ahllos

2 Entscheide, ob du diese Eigennamen groß- oder kleinschreiben musst:

die arabische Wüste

der ______weizer Käse

die ______eutsche Rechtschreibung

das ______randenburger Tor

das ______iener Schnitzel

die ______ranzösische Sprache

der ______erliner Bär

die ______frikanische Maske

3 Verwandle die Verben (~~schwätzen~~, lesen, reden) und Adjektive (~~spannend~~, neu, lieb, gut) in Nomen, und füge sie in die Sätze ein. Manche Adjektive musst du steigern.

Die Lehrerin erwischte Jannik und Nick beim Schwätzen. Deshalb fanden sie beim ____________________ nicht die richtige Stelle im Buch. „Könntet ihr bitte mit eurem ____________________ aufhören?", schimpfte Frau Müller. Ausgerechnet bei ihrer Lieblingslehrerin mussten sie stören! Dabei hatte Frau Müller eine Menge Spannendes für die Kinder zu bieten. Bei ihr erfuhren sie stets das ____________________. Die Scherze während des Lernens waren den Jungen das ____________________. Sie beschlossen, in Zukunft ihr ____________________ zu geben.

4 Setze Verben in der richtigen Schreibweise ein. Schreibe die Sätze in dein Heft.

Die Kinder L/lösen die Rechenaufgabe.

Das Formel-1-Rennen R/regt mich auf.

Das L/lösen des Falls gehört zum Krimi.

Heute M/müssen wir keine Hausaufgaben machen.

Das Schuljahr V/verläuft ohne Probleme.

Wir haben Spaß beim K/kochen eines guten Essens.

Nach dem P/putzen meines Fahrrads hatte ich ganz schwarze Hände.

Ein Sportler T/trainiert viel.

Die Lehrerin U/unterrichtet gerne.

Das ist wichtig:

- Wörter mit mehr als einer Silbe kann man trennen. Man trennt sie so, wie sie sich in Sprechsilben zerlegen lassen: *Ba-na-ne.*
- Zusammengesetzte Wörter werden getrennt, wie sie zusammengefügt sind: *Bahn-hof.*
- Ein einzelner Konsonant (Mitlaut) zwischen zwei Vokalen (Selbstlauten) wird in die neue Zeile geschrieben: *ge-ben.* Bei zwei oder mehreren Konsonanten kommt nur der letzte in die neue Zeile: *Gangs-ter.*
- *ck, ch* und *sch* gelten als ein Laut und werden nicht getrennt: *lau-schen.*
- *pf, sp, st* und *tz* werden getrennt, wenn danach ein Vokal (Selbstlaut) folgt: *damp-fen, Wes-pe, Fens-ter, Kat-ze.*

- Häufig kannst du die Trennung durch einfaches Silbenklatschen herausfinden: Re-gen-bo-gen.
- Ein einzelner Buchstabe ist keine Silbe: Ahorn, Idee.

1 Finde heraus, wie du die Wörter trennen kannst. Achtung, manche bestehen nur aus einer Silbe!

Staubsauger:	Staub-sau-ger	finster:	______
nähen:	______	Elend:	______
Ahorn:	______	Laterne:	______
bunt:	______	schneller:	______
Bäcker:	______	waschen:	______
Schulranzen:	______	Auge:	______
rosarot:	______	knapp:	______
Lesezeichen:	______	schlecht:	______
raten:	______	Taschenuhr:	______
Ratten:	______	recken:	______
Schlagzeug:	______	Schläger:	______
Erinnerung:	______	andere:	______
manche:	______	mischen:	______

2 Füge die Silben zu Wörtern zusammen:

Kom-	flei-	trop-
Fens-	plötz-	Du-
wech-	wit-	Ku-
knusp-	wi-	rau-
wi-	rast-	wol-
bli-	damp-	

-rig	-ter	-chen
-fen	-los	-ckeln
-sche	-seln	-zig
-schen	-lich	-fen
-chen	-cken	-len
-ßig	-ma	

Kom-ma, ____

____

____

Realschul-Check

3 Kennzeichne die Trennung der Wörter durch einen Bogen unter jeder Silbe.

Hans Christian Andersen war ein Dichter und Märchenschreiber. Er war dänischer Staatsbürger und wurde 1805 in Odense geboren. Sein Vater war ein armer Schuhmacher. König Friedrich VI. ermöglichte ihm den Besuch einer Schule und schickte ihn zum Studium auf die Universität. Danach reiste Andersen durch Europa, die Türkei und Afrika. Diese Erlebnisse prägten seine Werke. Von ihm stammen die bekannten Märchen wie „Die Prinzessin auf der Erbse“, „Des Kaisers neue Kleider“, „Das hässliche Entlein“, „Der standhafte Zinnsoldat“ oder „Die kleine Seejungfrau“. Andersens Märchen verbinden Witziges und Trauriges zugleich. Die Stadt Kopenhagen hat dem Dichter mit der Gestalt der Seejungfrau ein Denkmal gesetzt. Die Figur überschaut wachsam den Hafen. Dort sitzt sie auf einem Felsen, der ins Wasser gebaut wurde. Viele Touristen bestaunen sie täglich und wundern sich darüber, wie klein die Gestalt ist.

Das ist wichtig:

- Wir setzen einen Punkt nach Aussagesätzen, ein Ausrufezeichen nach einem Ausrufe- oder Aufforderungssatz, ein Fragezeichen nach Fragesätzen.
- Ein Komma trennt Aufzählungen, wenn sie nicht durch die Wörter *und* oder *oder* getrennt sind.
- Ein Komma trennt Haupt- und Nebensatz.
- Beachte die Satzzeichen bei der wörtlichen Rede:
  Mutter schimpfte*:* „Wenn wir einen Ausflug machen wollen, kannst du dich nicht hinter deinen Büchern vergraben*!*“
  „Wenn wir einen Ausflug machen wollen, kannst du dich nicht hinter deinen Büchern vergraben*!*“*,* schimpfte Mutter.
  „Wenn wir einen Ausflug machen wollen“*,* schimpfte Mutter, „kannst du dich nicht hinter deinen Büchern vergraben*!*“

1 Entscheide, welche Satzschlusszeichen du setzen musst.

Geht es dir manchmal auch so ___ Wie gerne würde ich abends noch lesen ___ Gerade schmökere ich in einem spannenden Krimi ___ Es gibt so viele tolle Bücher, die ich noch lesen möchte ___ Ach, könnte ich sie doch alle haben ___ Ob ich wohl einige zum Geburtstag geschenkt bekomme ___ Am liebsten würde ich mich mit ihnen auf eine einsame Insel verziehen ___ Wann sind denn die nächsten Ferien ___ Hoffentlich verreisen wir mit dem Auto ___ Dann habe ich während der Fahrt Zeit zum Lesen ___

2 Setze die Kommas. Achtung, nicht immer musst du eines setzen!

Das Lesen ist wichtig für die Rechtschreibung ___ das Aufsatzschreiben ___ und das Textverständnis. Weil manche Bücher voller Fantasie sind ___ tauche ich in eine Traumwelt ein. Wenn ich lese ___ möchte ich nicht gestört werden ___ und schließe mich in mein Zimmer ein.

3 Setze die richtigen Satzzeichen in den wörtlichen Reden.

_____ Muss ich denn unbedingt mitkommen _____ maulte ich.

_____ Da ich heute einen freien Tag habe _____ entgegnete Mama _____ möchte ich gerne gemeinsam etwas unternehmen _____

Sauer meinte ich _____ Das wird bestimmt wieder stinklangweilig _____

_____ Wir versprechen dir auch _____ versicherte sie _____ dass Papa und ich in keine Läden gehen werden _____

_____ Außer in die Buchhandlung _____ beeilte ich mich zu sagen.

Realschul-Check

4 Setze die Satzzeichen , . : „“ ? !
in den Text ein. An drei Stellen kommt kein Komma.

__ Kennst du Cornelia Funke __ __ __ fragte mich Julian eines Tages __ Ich antwortete ihm __ __ Sie hat bereits einige Bücher geschrieben __ Dazu gehören unter anderem *Der Herr der Diebe* __ *Drachenreiter* __ *Tintenherz* __ *Tintenblut* __ und *Die wilden Hühner* __ Cornelia Funke hat ziemlich lange gebraucht __ bis sie wusste __ dass sie Bücher schreiben will __ Zuerst war sie Illustratorin __ und zeichnete Bilder zu Geschichten __ __ __ Wie schön wäre es doch __ __ seufzte sein Bruder Simon __ __ ihr einmal zu begegnen __ __ Julian meinte __ __ Mich würde interessieren __ wann der dritte Teil zu *Tintenherz* erscheint __ und ob Staubfinger zurückkehrt __ __ Ich erklärte den beiden __ __ Das ist bestimmt noch ein Geheimnis __ das sie noch niemandem verraten wird __ __ __ Erst 2008 werden wir erfahren __ wie es mit Meggie weitergeht __ __ __ rief Simon dazwischen __ __ Das habe ich im Internet gelesen __ und dabei erfahren __ dass Staubfinger tatsächlich zurückkommt __ __

Name: Klasse: Datum:

1 Schreibe aus der Wörterschlange alle Wörter in dein Heft und markiere lange Vokale mit einem Strich, kurze mit einem Punkt.

BOTEACKERDICHTERSEELERÄUBERBASTELNREIHESEMMELKATZEWIRR

	10 P.

2 Setze richtig ein: *aa, ee, oo, ä, äu, eu, ai, ei.*

l____ten, S____l, Brotl____b, B____re, W____de, L____te, Schlauchb____t, Gr____ser

	8 P.

3 Diese Wörter sind falsch gedehnt. Schreibe sie richtig in dein Heft.

Stiehfel, Liferung, Musiek, fantastiesch, iehre, Krihse

	6 P.

4 Setze die Wörter in das Rätsel ein!

etwas durchzählen	**n**	**u**									
Gegenteil von Flut		**E**			**e**						
glotzen	**g**	**a**									
Werkzeug auf dem Acker		**E**	**g**								
Laubbaum	**P**	**a**				**l**					

	5 P.

5 Setze diese Wörter in die Lücken ein. Manche Wörter musst du verändern.

Rassen Rasen weise weiße Maße Masse nass Nase

Fußball spielen wir auf ____________. Es gibt viele Menschen____________. Kluge Menschen sind ____________. Eine Braut trägt meistens ____________ Schuhe. Im Fußballstadion sind Menschen____________. Km, kg, m, l sind ____________.Wenn wir Schnupfen haben, ist die ____________ oft ____________.

	8 P.

Name: Klasse: Datum:

6 Setze *b/p, d/t* oder *g/k* ein. Bilde eine Verlängerung, durch die man die schwierigen Laute hören kann.

blin__	–	blin__e Menschen	ar__	–	ar__e Schmerzen
kran__	–	Kran__er	kal__	–	käl__er
star__	–	stär__er	Ra__	–	ra__en
Ra__	–	Rä__er	lie__	–	lie__er
To__	–	To__esursache	Betru__	–	betrü__en

10 P.

7 Setze die richtigen Buchstaben ein: *F/f, V/v, Pf/pf.*

____laster, ____ater, ____etter, ____enster, bra____, ____itamine, stum____, ____und, ____indelkind, negati____.

10 P.

8 Entscheide über die Groß- und Kleinschreibung, und schreibe den Text richtig in dein Heft.

Zum (e)ssen braucht jeder (m)ensch ein (g)etränk. Am (b)esten schmeckt (d)eutsches oder (i)talienisches (m)ineralwasser. Vielen schmeckt auch das (s)chweizer (w)asser gut.

9 P.

9 Trenne die folgenden Wörter in deinem Heft und schwinge die Silben mit.

Knospe, Ofen, Rhythmus, Matratze, herum, ducken, öfter, hinunter, Menschen, Kasten

9 P.

In diesem Test habe ich ☐ Punkte von insgesamt 75 Punkten erreicht.

Das entspricht der Note ☐. (Schau in den Lösungen auf Seite 9 nach).

Das ist wichtig:

- Durch die Endungen *-heit, -keit, -ung, -schaft, -nis* und *-in* können aus Verben und Adjektiven neue Nomen gebildet werden: *heiser – Heiserkeit, begegnen – Begegnung, dunkel – Dunkelheit, verhalten – Verhältnis, wissen – Wissenschaft.*
- Der Plural (die Mehrzahl) *-nisse* wird mit *ss* geschrieben: *Ereignis – Ereignisse.*
- Die Endung *-in* bildet die weibliche Form eines Nomens, der Plural *-innen* wird mit *nn* geschrieben: *Ärztin – Ärztinnen.*

1 Wie heißen die Nomen?
Unterstreiche den Wortstamm.

-heit		**-keit**	
gesund	Gesundheit	heiter	
frei		ehrlich	
wahr		einig	
sicher		fröhlich	
krank		sauber	
klar		übel	
dumm		traurig	
schön		wirklich	

-ung		**-schaft**	
genesen		Mann	
planen		gefangen	
beziehen		Freund	
teilen		bekannt	
bluten		wissen	
wohnen		wandern	
retten		Feind	
rund		Meister	

Nomen auf -heit, -keit, -ung, -schaft, -nis, -in (mit Pluralbildung)

2 Bilde den Plural zu den Nomen, und finde ein passendes Verb oder Adjektiv. Unterstreiche den Wortstamm.

-nis	Plural (Mehrzahl)	Verb oder Adjektiv
Ereignis	Ereignisse	ereignen
Verhältnis		
Geheimnis		
Erlebnis		
Gefängnis		
Zeugnis		
Verhängnis		

3 Bilde die weibliche Form und den Plural davon. Achtung, es sind Fallen eingebaut!

	weibliche Form	Plural (Mehrzahl)
Lehrer	Lehrerin	Lehrerinnen
Arzt		
Zollbeamter		
Krankenschwester		
Rektor		
Redakteur		
Mönch		
Tierpfleger		

4 Hier stimmt etwas nicht!
Schreibe jedes Nomen mit dem richtigen Wortbaustein in dein Heft.

Verzeihheit – Heiserschaft – Fröhlichnis – Weltmeisterung
Geständkeit – Wagung – Traurigschaft – Dunkelnis
Begräbung – Vorführschaft – Wissenung – Bosnis
Geheimheit – Entdeckschaft – Landheit

Das ist wichtig:

Mit den nachgestellten Wortbausteinen *-ig, -lich, -bar, -isch, -haft, -los, -sam* können neue Wörter gebildet werden. Diese Wörter sind immer Adjektive und werden kleingeschrieben: *bewegen – beweglich, machen – machbar, regnen – regnerisch, schwatzen – schwatzhaft.*

1 Sortiere diese Wörter in die Tabelle ein, und finde eine passende Überschrift:

~~goldig~~ lebhaft zumutbar englisch wundersam sommerlich mutig erfolglos
schmerzhaft weinerlich langsam diebisch zahllos essbar fehlerlos
schreckhaft sparsam schmutzig stürmisch ärgerlich dankbar ängstlich
einsam traumhaft regnerisch mittellos neblig brauchbar

-ig			
goldig			

2 Bilde zu jedem Wort ein Adjektiv, indem du die Wörter mit den passenden Nachsilben zusammensetzt (-lich, -sam, -haft, -los, -ig, -isch):

Glück: ____________________ Erfolg: ____________________

gemein: ____________________ rutschen: ____________________

Sprung: ____________________ Tier: ____________________

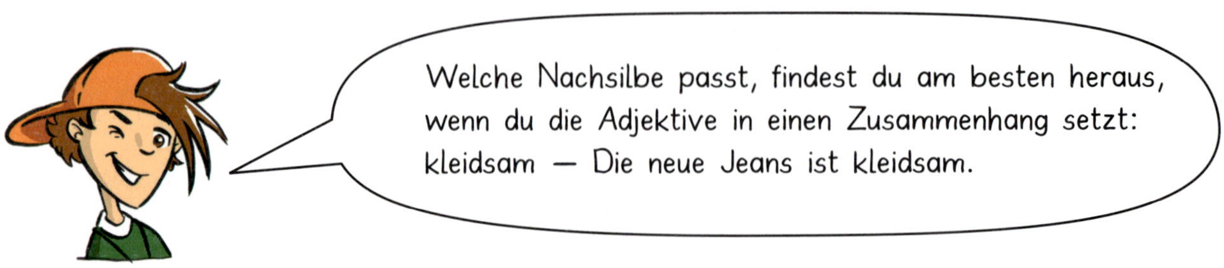

Die Adjektive bekommen in der 1. Vergleichsstufe zusätzlich die Endung -er, in der 2. Vergleichsstufe die Endung -sten. Beachte das zusätzliche -e beim Wortbaustein -los: reibungslos — reibungsloser — am reibungslosesten.

3 Bilde die Steigerungsformen von einem Adjektiv aus jeder Spalte der Aufgabe 1 (zur Steigerung siehe auch Seiten 46–47). Achtung, nicht immer ist das möglich!

Beispiel: goldig – goldiger – am goldigsten

4 Wie heißen die veränderten Adjektive? Manchmal musst du auch die Vergleichsformen bilden. Die unterstrichenen Wörter helfen dir!

Ein Kleid, das jemandem gut steht, ist ______________. Eine Geschichte, vor der einem gruselt, ist ______________. Ein Ritter, der keine Furcht hat, ist ______________, James Bond ist noch ______________, Harry Potter ist am ______________. Schmuck, der viel kostet, ist ______________. Eine Stadt, die im Westen gebaut wurde, liegt ______________. Ein Mensch, den du leicht erschrecken kannst, ist ______________. Ein Wissenschaftler, der viel erfindet, ist ______________. Ein Kind, das auf die Hausaufgabe keine Lust hat, ist ______________, bei einer langen Hausaufgabe ist es ______________, bei einer langen und schwierigen Hausaufgabe ist es am ______________.

Das ist wichtig:

- Verben stehen im Wörterbuch in der Grundform. Sie bestehen immer aus dem Wortstamm und einem nachgestellten Wortbaustein. Wenn du sie in Sätze einbaust, verändert sich oft ihre Personalform: *gießen – Er gießt die Blumen.* Diese Veränderung hängt von den Pronomen (ich, du, er/sie/es, wir ihr, sie) ab: *Ich gieße die Blumen.*
- Meistens verändert sich nur die Endung, manchmal auch in der 2. und 3. Person Einzahl der Wortstamm: *sehen – du siehst, sie sieht.*
- Bei Verben, die einen *s*-Laut (*s, ss,* oder *ß*), ein *z* oder einen *ks*-Laut in der Mitte haben, wird in der 2. Person Singular (du) nur ein *-t* angehängt: *boxen – du boxt.*
- Bei Verben mit den Bausteinen *-eln* oder *-ern* in der 1. Person Singular kann das *e* vor *l* oder *r* weggelassen werden: *wechseln – ich wechsle.*

1 Setze die folgenden Verben in die Personalformen, unterstreiche den Wortstamm, und markiere den nachgestellten Wortbaustein:

geben nehmen reden ziehen folgen täuschen

ich	du	er, sie, es	wir	ihr	sie
gebe	gibst	gibt	geben	gebt	geben

2 Setze die folgenden Verben mit *s*- oder *x*-Lauten in die Personalformen, unterstreiche den Wortstamm, und markiere den nachgestellten Wortbaustein:

messen lassen schießen rasen wachsen boxen heizen

ich	du	er, sie, es	wir	ihr	sie
messe	misst	misst	messen	messt	messen

3 Bilde aus den folgenden Nomen Verben mit den nachgestellten Wortbausteinen *-en, -eln, -ern* und *-ieren* in der Grundform. Überlege jeweils mit der Frage: Was tue ich? Unterstreiche den Wortstamm, und markiere den Wortbaustein:

der Wechsel	– wechseln	der Kegel	– ________________
die Sicherheit	– ________________	die Wohnung	– ________________
die Frisur	– ________________	der Spaziergang	– ________________
der Schlaf	– ________________	die Kontrolle	– ________________
der Wedel	– ________________	die Wanderung	– ________________
die Probe	– ________________	der Topf	– ________________
der Schwindel	– ________________	der Koch	– ________________

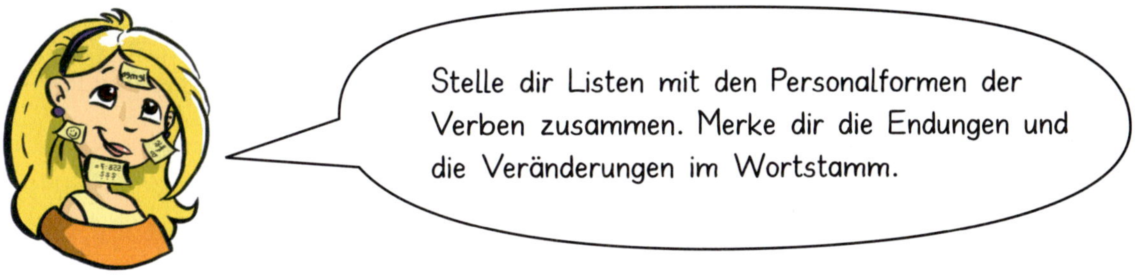

Realschul-Check

4 Fülle die Tabelle aus!

Grundform	ich	du	er, sie, es	wir	ihr	sie
					esst	
			radiert			
	schreibe					
		mixt				
					drängelt	
				fahren		
						hassen
	hetze					
frisieren						
		schreist				
				wackeln		

Das ist wichtig:

- Mit vorangestellten Wortbausteinen können neue Wortarten entstehen: *tragen – Vortrag, sitzen – Besitz.*
- Vorangestellte Wortbausteine verändern auch die Bedeutung eines Wortes: *Geduld – Ungeduld, Brauch – Missbrauch.*
- Wörter mit dem vorangestellten Wortbaustein *End-/end-* sind alle mit dem Wort *Ende* verwandt: *endgültig, endlos.*

1 Mit welchen Wortbausteinen kannst du die Verben und Adjektive zusammensetzen? Es gibt mehrere Möglichkeiten! Schreibe jeweils zwei Möglichkeiten auf.

ent- miss-
un- an-
aus- nach-
be-

-geben -decken -menschlich
-zweifeln -handeln -rutschen
-ruhigen -suchen -kleiden
-denkbar -denken -ahmen
-verstehen -lachen -nehmen
-ausstehlich -ziffern -achten
-ziehen -sprechen -schauen

ent-: ______________________________

un-: ______________________________

aus-: ______________________________

be-: ______________________________

miss-: ______________________________

an-: ______________________________

nach-: ______________________________

2 Schreibe aus dem Wörterbuch mindestens noch drei weitere Wörter mit den Wortbausteinen *ent-*, *miss-*, *un-*, *an-*, *aus-*, *be-* und *nach-* heraus.

ent-: __________

miss-: __________

un-: __________

an-: __________

aus-: __________

be-: __________

nach-: __________

3 Verändere mithilfe eines vorangestellten Wortbausteines (z. B. be-, ver-, un-, ab-, aus- usw.) die Bedeutung folgender Wörter:

sitzen: besitzen

brauchen: __________

nutzen: __________

gültig: __________

deuten: __________

gleiten: __________

machen: __________

Glück: __________

laufen: __________

legen: __________

4 Bilde mit dem vorangestellten Wortbaustein und den folgenden Wörtern jeweils ein Verb und ein Nomen:

Vor-/vor-	gehen:	__________
	tragen:	__________
Ent-/ent-	nehmen:	__________
	scheiden:	__________
Ab-/ab-	fahren:	__________
	geben:	__________
Weg-/weg-	fahren:	__________
	fallen:	__________

5 Entscheide dich für den richtigen Wortbaustein: *End-/end-* oder *Ent-/ent-*. Schreibe die Wörter in die richtige Spalte. Achte auf die Groß- und Kleinschreibung!

_____zwei _____los _____scheiden _____en _____spiel
_____lassung _____schuldigen _____ziel _____lich _____gültig
_____spannung _____setzlich _____lauf _____laufen

End-/end-	Ent-/ent-

6 Wähle für die Sätze den richtigen Wortbaustein, und setze das Wort in der richtigen Form ein.

Ein Wissenschaftler, der eine Rede hält, hält einen _________(-trag). Bevor wir abends ins Bett gehen, müssen wir unsere Kleidung _____________(-ziehen). Ein Tourist, der die Sprache nicht beherrscht, kann vieles _________________________ (-verstehen). Hausaufgaben, die viel zu viel Zeit in Anspruch nehmen, sind _________ (-los). Ein Schüler, der im Unterricht nicht aufpasst, muss oft ______________________ (-fragen). Der Bus muss an der Haltestelle _____________(-halten). Nachmittags möchten Kinder auch einmal __________________(-spannen). Beim Skaterfahren sollten alle _____________(-sichtig) sein. Urlauber wollen in den Ferien mit dem Auto _____________(-fahren). Familien mit wenig Geld leben oft ________________ (-scheiden). Schüler, die keine Hausaufgaben gemacht haben, müssen sie am Morgen _______________(-schreiben).

Das ist wichtig:

- Wörter mit den Endungen *-ion, -iv, -al* und *-ine* kommen aus einer anderen Sprache. Wir nennen sie Fremdwörter. Du schreibst sie immer mit einfachem *-i* in der Endung: *Tradition, Vaseline, aktiv.*
- Fremdwörter mit den Endungen *-ion* und *-ine* sind immer Nomen: *Stadion, Maschine.*

Die Bedeutung der Fremdwörter, die dir begegnen, kannst du häufig aus dem Zusammenhang erkennen.

1 Sortiere die Fremdwörter ein, und finde in jeder Spalte mithilfe des Wörterbuchs noch ein Wort dazu. Erkläre fünf Fremdwörter:

Aktion Lineal Information primitiv banal Maschine
Vitamine Objektiv Adjektiv Nation Journal Apfelsine

-ion	**-iv**	**-al**	**-ine**

Realschul-Check

2 Füge diese Wörter ein:

Cousine Redaktion Million
aktiv international Interview

Eine Abteilung bei der Zeitung oder in einem Verlag: ____________________.
So ist eine Person, die ständig in Bewegung ist: ____________________.
In vielen Ländern der Welt: ____________________. Reporter bitten Stars oft dazu: ____________________. Die Tochter deiner Tante: deine ____________________. 999 999 + 1 = ____________________ (bitte ausschreiben!).

Das ist wichtig:

- Das Nomen kann in vier Fällen stehen: 1. Wer-Fall, 2. Wessen-Fall, 3. Wem-Fall, 4. Wen-Fall. Das Nomen im 1. Fall wird Subjekt genannt, im 2., 3. und 4. Fall trägt es als Satzglied die Bezeichnung Objekt.
- Auch der bestimmte oder unbestimmte Artikel steht in demselben Fall wie das Nomen. Dabei verändert er sich jeweils.
- Die vier Fälle gibt es im Singular (Einzahl) und im Plural (Mehrzahl).
- Um herauszufinden, in welchem Fall ein Nomen steht, stelle Fragen: 1. Fall: Wer oder was?, 2. Fall: Wessen?, 3. Fall: Wem?, 4. Fall: Wen oder was?

Beispiele:
Jürgen Klinsmann war der Fußball-Bundestrainer während der FIFA-WM 2006.
Wer oder was war Fußball-Bundestrainer? *Jürgen Klinsmann.*
Die Fußball-Nationalmannschaft verdankt vieles Jürgen Klinsmann.
Wem verdankt die Fußball-Nationalmannschaft vieles? *Jürgen Klinsmann.*

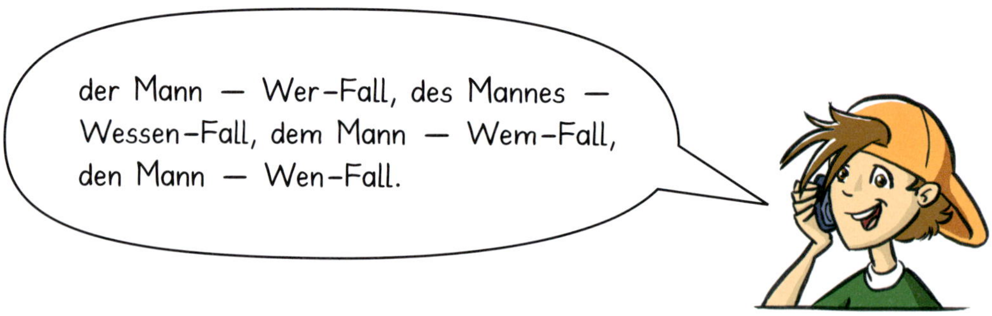

1 Stelle die Fragen nach dem grünen Nomen, beantworte sie, und finde heraus, in welchem Fall das Nomen steht.

Der Fußball spielt eine wichtige Rolle bei den Fans.

__________ spielt eine wichtige Rolle bei den Fans?

____

Nach dem Spiel nimmt der Schiedsrichter den Fußball mit.

__________ nimmt der Schiedsrichter nach dem Spiel mit?

____

Der Spieler gibt dem Fußball einen Stoß.

__________ gibt der Spieler einen Stoß?

____

2 Setze die richtigen Artikel in die Sätze ein.

Für ein wichtiges Fußballspiel müssen **die Zuschauer** frühzeitig Karten kaufen.

Die Spieler wollen ______ **Zuschauern** ein spannendes Spiel bieten.

Die Fußballer fordern ______ **Zuschauer** zum Klatschen auf.

Der Gesang ______ **Zuschauer** motiviert die Mannschaft.

Die Spieler geben ______ **Reporter** geduldig ein Interview.

Nach dem Spiel wartet ______ **Reporter** auf die Spieler.

Der Spieler geht völlig außer Atem auf ______ **Reporter** zu.

Die Spieler antworten geduldig auf die Fragen ______ **Reporters**.

3 Finde heraus, welches Nomen mit Artikel in die Lücken passt.

	1. Fall wer/was	**2. Fall wessen**	**3. Fall wem**	**4. Fall wen/was**
Singular	der Trainer	des Trainers	dem Trainer	den Trainer
Plural	die Trainer	der Trainer	den Trainern	die Trainer

Vor der EM versammelten sich ____________________. ____________________ der deutschen Mannschaft kannten alle bereits. Die UEFA gab ____________________ zu Ehren ein Essen. ____________________ der Griechen freute sich über ein hervorragendes Menü. Es schmeckte auch ____________________ aus Spanien. Bald hatte die Krawatte ____________________ einer Außenseiter-Mannschaft einen Fleck. Das Abschiedsbild ____________________ zeigte nochmals alle zusammen. Die Zeitungsleser lachten über ____________________ und ihre lustigen Gesichter.

Das ist wichtig:

- Nomen können durch Pronomen (Fürwörter) ersetzt werden. Es gibt persönliche Pronomen *(ich, du, er, sie, es, wir, ihr, sie)* und besitzanzeigende Pronomen *(mein, dein, sein, ihr, unser, euer, ihr)*.
- Die Anredepronomen *Sie* und *Ihr* werden großgeschrieben.
- Die Personalpronomen in den vier Fällen heißen:

1. Fall Wer oder was?	2. Fall Wessen?	3. Fall Wem?	4. Fall Wen oder was?
ich	meiner	mir	mich
du	deiner	dir	dich
er, sie, es	seiner, ihrer, seines	ihm, ihr, ihm	ihn, sie, es
wir	unserer	uns	uns
ihr	eurer	euch	euch
sie	ihrer	ihnen	sie

1 Unterstreiche im Text alle besitzanzeigenden Pronomen blau.

Astrid Lindgren ist durch ihre Bücher zu einer der bekanntesten Kinderbuchautorinnen geworden. Sie wurde am 14. November 1907 geboren, ihr Bruder Gunnar bereits ein Jahr zuvor. Astrid verbrachte ihre Kindheit mit ihrem Bruder, ihren zwei Schwestern Stina und Ingegerd und ihren Eltern in Vimmerby in Schweden. Ihnen wurde eine glückliche Kindheit beschert.
Mit 18 Jahren brachte Astrid ihren Sohn Lars zur Welt. Er wuchs bei Pflegeeltern auf. Erst als sie ihren Chef heiratete, konnte sie ihren Sohn zu sich nehmen. Karin, ihr zweites Kind, gab den Anstoß zu den Geschichten von Pippi Langstrumpf.

2 Setze die richtigen Pronomen ein. Die Anfangsbuchstaben helfen dir.

uns	uns	unsere	unserer	er	es	es	es	ich	mir	dir	dir	mein
meine	meiner	mich	sie	sie	euch	euch	ihr	wir				

M________ Freundin gibt m________ das ausgeliehene Buch zurück. E________ ist schon lange im Besitz u________ Familie. M________ Vater stellt den Band in das Regal zurück. E________ meint: „Endlich hat s________ d________ das Buch zurückgegeben. Wenn e________ verloren gegangen wäre, würde e________ u________ allen fehlen.“ Ich erinnere m________ : „I________ weiß, dass das Werk d________ und Mama wichtig ist. E________ erinnert es an schöne Stunden, als i________ e________ den Band gegenseitig aus den Händen gerissen habt.“ „Ja, das war u________ gemeinsame Sandkastenzeit. W________ haben die Geschichte von der Maus Frederik sehr geliebt und s________ u________ von m________ Schwester vorlesen lassen.“

Realschul-Check

3 Fülle die Lücken aus. Ersetze die Anredepronomen in den Klammern *(du, deinen, deinem, dir)* durch *Sie, Ihren, Ihrem* und *Ihnen.*

Gestern besuchte ich meine Lieblingsbuchhandlung. Mein Bruder hat bald Geburtstag, deshalb wollte ich für ihn ein Buch bestellen. Eine Buchhändlerin sprach mich an und fragte nach meinem Wunsch. „Ich kann den neuesten Harry-Potter-Band in (deinem) **Ihrem** Regal nicht finden. Würde es (dir) __________ etwas ausmachen, ihn zu bestellen? (Du) __________ müssen aber nach der Bestellnummer schauen, ich kann sie (dir) __________ nicht geben. Könnten (du) __________ bitte in (deinem) __________ Computer nachsehen, wie viel es kostet? Geben (du) __________ mir bitte (deinen) __________ Bleistift, damit ich den Preis aufschreiben kann?“ Danach war ich richtig stolz auf mich. Au weh, da kam mein Bruder mit seinen Freunden. Sie wollten unbedingt wissen, was ich in der Buchhandlung wollte. „Das geht __________ nichts an!“

Das ist wichtig:

- Texte können in verschiedenen Zeitformen stehen. An der Form des Verbs können wir erkennen, in welcher Zeit der Text steht.
- Die Zeitform des Verbs sagt uns auch, ob etwas andauert oder abgeschlossen ist.
  Gegenwart: Die Autorin *schreibt* ein Buch.
  Vergangenheit: Die Autorin *schrieb* ein Buch.
- Es gibt verschiedene Vergangenheitsformen:
  1. Vergangenheit: Die Autorin *schrieb* ein Buch.
  2. Vergangenheit: Die Autorin *hat* ein Buch *geschrieben*.
  Vollendete Vergangenheit: Die Autorin *hatte* ein Buch *geschrieben*.
- Mit dem Hilfsverb *werden* wird die Zeitform Zukunft gebildet:
  Die Autorin *wird* ein Buch *schreiben*.

1 Bestimme, in welcher Zeitform die unterstrichenen Verben stehen:

Das Manuskript wird bald entstehen. ____________________

Der Verlag entschied, ob das Buch gedruckt wird. ____________________

Der Hersteller überlegt, welche Schrift passt. ____________________

Die Illustratorin hat lustige Zeichnungen gemalt. ____________________

Bald hatte die Druckerei die Seiten gedruckt. ____________________

Hoffentlich band die Buchbinderei das Buch. ____________________

Die Buchhandlung verkauft das fertige Buch. ____________________

Auf das Buch hatte sich die Leserin gefreut. ____________________

2 Fülle die Tabelle aus und beachte die richtigen Personalformen.

Gegenwart	1. Vergangenheit	2. Vergangenheit	Zukunft
	ich aß		
	er ging		
ihr bleibt			
			du wirst fahren
		wir haben gegossen	
sie hängt			
			es wird geschehen
		sie haben gefunden	
	ihr tauchtet		

Das ist wichtig:

- Die Gegenwart benutzen wir, wenn etwas jetzt geschieht. In der 1. Vergangenheit schreiben wir über Vergangenes.
- Die 2. Vergangenheit zeigt, dass Vergangenes bis in die Gegenwart reicht (wichtig für Erzählungen): *Ich habe gewusst* (Ich weiß es immer noch).
- Die vollendete Vergangenheit sagt, dass die Vergangenheit abgeschlossen ist: *Ich hatte gewusst.*
- Die Zukunft beschreibt, was erst geschehen wird: *Ich werde wissen.*
- Manche Verben behalten ihren Wortstamm in der Vergangenheitsform: *wir können – wir konnten.* Man nennt sie schwache Verben.
- Verben, die sich stark verändern, sind starke Verben: *du kommst – du kamst.*

3 Setze die richtigen Zeitformen der Verben ein:

hatte verfasst – haben werden – lesen – hat geschrieben – erschien – begann

Vor einigen Jahren ______________________ der erste Band zu Harry Potter. Damit ______________________ Joanne K. Rowlings Karriere als Autorin. Sie ________________ immer schon gerne Geschichten ____________________. Vor dem ersten Band ______________________ sie schon das Ende des letzten Bandes ______________________. Viele Kinder auf der ganzen Welt ______________________ gerade einen Harry-Potter-Band. Ob die sieben Bände wohl auch so einen dauerhaften Erfolg ______________________ wie andere Kinderbuchklassiker?

Realschul-Check

4 Schreibe die folgenden Sätze in deinem Heft in den Zeiten auf, die in der Klammer stehen.

a) Harry Potter lebt bei seinen Pflegeeltern im Ligusterweg Nr. 4. (2. Vergangenheit)

b) Diese heißen Vernon und Petunia Dursley. (Vollendete Vergangenheit)

c) Die Dursleys hatten einen Sohn, der auf den Namen Dudley hörte. (Gegenwart)

d) Nach zehn Jahren hat Hagrid Harry nach Hogwarts geholt. (1. Vergangenheit)

e) Dort hatte er gleich im 1. Schuljahr Ron Weasley kennen gelernt. (2. Vergangenheit)

f) Albus Dumbledore begrüßte die Schüler. (Vollendete Vergangenheit)

g) Bald verlässt Harry Potter die Schule für Hexerei und Zauberei. (Zukunft)

Das ist wichtig:

- Adjektive beschreiben ein Nomen oder ein Pronomen (Fürwort) und werden kleingeschrieben. Wir fragen nach ihnen mit „Wie ist etwas?“.
- Mit Adjektiven können wir Dinge vergleichen. Wir nennen das Steigerung. Die Vergleichsstufen heißen: Grundstufe, 1. Vergleichsstufe, 2. Vergleichsstufe.

  Grundstufe: Der Kirchturm ist *hoch*.
  1. Vergleichsstufe: Der Aussichtsturm ist *höher*.
  2. Vergleichsstufe: Der Fernsehturm ist am *höchsten*.
- Wenn du Gleiches miteinander vergleichen willst, sagst du z. B.: Der Kirchturm in meinem Wohnort ist genauso hoch *wie* der im Nachbarort.
- Willst du Unterschiedliches miteinander vergleichen, sagst du z. B.: Der Kirchturm in der Stadt ist höher *als* der in meinem Wohnort.

1 Setze *wie* oder *als* ein.

Ein Krimi ist spannender ______ ein Gedicht. Das Meer ist tiefer ______ ein See. Ein Apfel kann genauso süß sein ______ eine Birne. Die Erde ist kleiner ______ die Sonne. Eine Deutschstunde kann genauso spannend sein ______ eine Kindersendung. Ein Krimi ist spannender ______ eine Deutschstunde.

2 Ergänze die Lücken:

Der Papagei ist klug. – der kluge Papagei
Der Affe ist klüger. – der ____________________ Affe
Der Delfin ist am klügsten. – der ____________________ Delfin
Tante Helgas Kuchen ist köstlich. – der ____________________ Kuchen
Mamas Kuchen ist köstlicher. – der ____________________ Kuchen
Omas Kuchen ist am köstlichsten. – der ____________________ Kuchen

3 a) Bilde die 1. und 2. Vergleichsstufe.

b) Kreise die Adjektive ein, deren Wortstämme sich verändern.

c) Unterstreiche die Adjektive, die du nicht steigern kannst.

alt – älter, am ältesten.

warm – ______

schmeckt gut – ______

rund – ______

kostet viel – ______

stumm – ______

4 Fülle die Tabelle aus: Welche Adjektive kannst du steigern?

Grundstufe	1. Vergleichsstufe	2. Vergleichsstufe
gesund	gesünder	am gesündesten
richtig		
gern	l	am l
lebendig		
ängstlich		
tot		
eckig		
hübsch		
voll		

Das ist wichtig:

- Ein Satz besteht aus Satzgliedern, die aus einem oder mehreren Wörtern bestehen können: Der kleine Jasha und der große Joris / träumen / von den Ferien.
- **Prädikat:** Man fragt nach ihm mit „Was tut ...?“ oder „Was geschieht?“. Das Prädikat kann aus zwei Teilen bestehen, und mit den Hilfsverben *haben, sein* oder *werden* gebildet werden:
  Was tun der kleine Jasha und der große Joris? (Sie) *träumen* (von ...).
  Um 15 Uhr *werden* die Kinder *ankommen.*
- **Subjekt:** Es besteht aus einem Nomen oder einem Pronomen (Fürwort) und kann aus mehreren Wörtern bestehen. Es steht immer im ersten Fall. Man fragt nach ihm mit „Wer oder was?“: Wer oder was träumt? *Der kleine Jasha und der große Joris.*
- Ein Satz muss mindestens ein Subjekt und ein Prädikat haben.
- **Objekte (zusätzliche Ergänzungen):** Von wem oder was träumen der kleine Jasha und der große Joris? *Von den Ferien.*

Satzglieder kannst du erkennen, indem du einen Satz umstellst. Jede Wortgruppe, die du zusammenhängend umstellen kannst, ist ein Satzglied.

1 Stelle jeden Satz einmal um, und trenne die Satzglieder durch Striche ab.

Jashas Oma wohnt seit langer Zeit am Bodensee.

Seit langer Zeit / wohnt / Jashas Oma / am Bodensee. oder

Wohnt / Jashas Oma / seit langer Zeit / am Bodensee?

Dort tobt heute den ganzen Tag ein starker Sturm.

____

Glücklicherweise besitzt Oma ein rotes Segelboot.

____

Vielleicht verkauft sie es bald an ihren Nachbarn.

____

Bestimmt kann sie damit warten!

____

Die Jungen schreiben ihr eine dringende E-Mail.

____

2 Die Frage „Was tut jemand?“ oder „Was geschieht?“ gibt Auskunft über das Prädikat. Schreibe die Fragen und die Antworten in dein Heft, und unterstreiche in den Sätzen das Prädikat mit roter Farbe!

Hoffentlich erreicht die Nachricht Oma noch rechtzeitig!
Was tut die Nachricht? (Sie) erreicht (Oma hoffentlich noch rechtzeitig).

a) Jasha und Joris segeln doch so gerne!
b) Sie kennen sich auf dem Segelboot perfekt aus.
c) Jasha und Joris erweisen sich als die besten Skipper.

3 Die Frage „Wer oder was?“ zeigt das Subjekt. Unterstreiche das Subjekt grün.

Ein heftiger Wind verdirbt den Kindern die Ferienlaune.

Wer oder was verdirbt den Kindern die Ferienlaune? Ein heftiger Wind.

In diesem Fall freuen sich die Jungen auf Besuch von ihren Kusinen.

____

Lena und Linda zelten ganz in der Nähe bei einem Bauern.

____

Bestimmt überraschen sie Jasha und Joris mit ihrem Kommen.

____

Gemeinsam erkunden sie die Insel Mainau.

____

Realschul-Check

4 Unterstreiche in den folgenden Sätzen die Prädikate rot, die Subjekte grün.

Die Kinder besuchen Disneyland

Dieses Jahr nehmen die Eltern ihre Kinder nach Paris mit. Dort begegnen sie Micky Maus und Donald Duck. Werden die zwei den Besuchern ein Autogramm geben? Damit können die Jungen bei ihren Freunden daheim angeben. Vieles erinnert die Kinder an die Disney-Filme, die sie schon gesehen haben. Abenteuerliche Achterbahnfahrten warten auf Joris und Jasha. Hoffentlich sehen die Außerirdischen in dem Fantasybereich nicht gar zu gruselig aus! Mama ängstigt sich doch vor solchen Monstern! Trotzdem ist der Ausflug ein Riesenspaß.

Das ist wichtig:

- Ein Objekt kann im 2., 3. oder 4. Fall stehen.
- Nach dem Objekt im 2. Fall fragen wir mit „Wessen?“
- Nach dem Objekt im 3. Fall fragen wir mit „Wem?“
- Nach dem Objekt im 4. Fall fragen wir mit „Wen oder was?“

Nino gibt seinem Freund Ogün das Lexikon seiner Schwester.
Wessen Lexikon gibt Nino seinem Freund Ogün? Das Lexikon seiner Schwester.
Wem gibt Nino das Lexikon seiner Schwester? Seinem Freund Ogün.
Wen oder was gibt Nino seinem Freund Ogün? Das Lexikon.

1 Stelle die Wem-Frage, und unterstreiche alle Objekte im 3. Fall (Wem?) blau.

Janosch gibt dem Ball einen Stoß.

___

Das runde Leder fliegt dem Torwart um die Ohren.

___

Freudig hört der Torschütze dem Jubel der Zuschauer zu.

___

Das Tor hat der Mannschaft den Sieg gebracht.

___

2 Setze die Sätze richtig zusammen. Erfrage im Kopf das Objekt im 4. Fall (Wen oder was?), und unterstreiche es grün.

Nino und Ogün	freuen sich riesig	auf das Ereignis
sie	aufgeregt anrufen	auf die Glückspilze
Firat	neidisch sein	Freikarten
sie	bekommen	ihren Trainer

___

___

___

___

3 Setze die fehlenden Objekte im 2. Fall (Wessen?) ein, unterstreiche sie lila und stelle die Wessen-Frage.

der Trainer   der UEFA   des Schiedsrichters

Die Regeln ______________________ müssen bei einem Punktspiel befolgt werden.

____

Auf den Pfiff ______________________ hören alle Feldspieler.

____

Der Sieg der Mannschaft ist auch ein Verdienst ______________________.

____

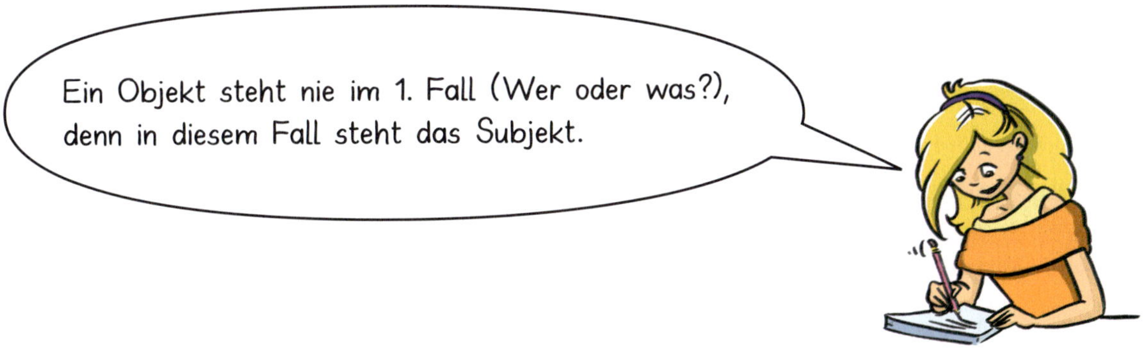

4 Schreibe aus den Sätzen die Objekte in die Tabelle.

Firat bewundert Ogün und Nino schon lange. Er möchte mit ihnen zum Fußballtrainer gehen und sich anmelden. Vorher braucht er noch die Erlaubnis seiner Eltern. Sie sollen das Anmeldeformular des Vereins unterschreiben. Außerdem muss Firat dem Kassenwart den Mitgliedsbeitrag bezahlen. Ogün und Nino machen ihm Mut. Sie erzählen den Mitspielern von ihrem zukünftigen Mitglied. Ob Firat wohl bald das Trikot der Mannschaft bekommt?

2. Fall (Wessen?)	3. Fall (Wem?)	4. Fall (Wen oder was?)

Das ist wichtig:

- Die Wörter *und, oder, denn, aber, wenn, dass, weil* können Sätze verbinden. Man nennt sie Bindewörter: *Annika spannt ihren Regenschirm auf, denn es fängt plötzlich an zu regnen.*
- Sind Sätze mit *und/oder* verbunden, kann ein Komma gesetzt werden.
- Vor den Wörtern *aber, wenn, dass, weil* und *als* steht ein Komma, wenn sie zwischen zwei Sätzen stehen.

1 Verbinde die passenden Sätze miteinander, und schreibe sie in dein Heft.

Tim hört mit dem Lesen auf,	dass sich ihre wieder Kinder vertragen.
Er macht eine dumme Bemerkung,	als Annika das Wohnzimmer betritt.
Annika ist sauer	denn seine Schwester hat sich gestylt.
Mutter und Vater wollen erreichen,	und schmollt in ihrem Zimmer.

2 Verknüpfe die beiden Sätze mithilfe eines Bindewortes.

Tim regt sich auf. Seine Schwester ist unordentlich.

____

Der Junge ist neidisch. Annika muss für gute Noten kaum arbeiten.

____

Das Mädchen liebt seinen Bruder. Trotzdem streiten sie häufig.

____

3 Finde das passende Bindewort, und setze das Komma an die richtigen Stellen (als, oder, weil (2x), und, wenn, denn, aber).

Annika und Tim haben sich prima verstanden __ _________ sie noch kleiner waren. Tim hatte mit anderen Jungen oft Ärger bekommen __ _________ er seine kleine Schwester verteidigt hat. Annika hat sich darüber gefreut _________ war stolz auf ihren Bruder. Die Eltern waren beruhigt __ _________ jemand auf das Mädchen aufgepasst hat. Annika suchte manchmal Trost bei Tim __ _________ sie Kummer hatte. Er war ihr großes Vorbild __ _________ er hatte immer ein offenes Ohr für sie. Nicht immer nahm die Kleine seinen Rat an __ _________ er war ihr immer wichtig. War diese Zeit jetzt vorbei __ _________ finden die Geschwister wieder zueinander?

Das ist wichtig:

- Mit den Fragen „Wo?“, „Woher?“ und „Wohin?“ findet man die Ortsangaben in einem Satz: Die Schülerin rennt *aus dem Schulgebäude*.
- Mit den Fragen „Wann?“, „Seit wann?“, „Wie oft?“, „Wie lange?“ findet man die Zeitangabe in einem Satz: Der Schüler lernt *seit zwei Stunden* für den Englischtest.
- Mit den Fragen „Wie?“, „Auf welche Weise?“ findet man die Angaben zur Art und Weise: Der Schüler bearbeitet *gewissenhaft* die Biologiefragen.

Johann Wolfgang von Goethe wurde am 28. August 1749 in Frankfurt am Main geboren und wuchs behütet auf. Ab 1765 studierte er in Leipzig Jura, interessierte sich aber brennend für Literatur. In Weimar lernte Goethe den Dichter Friedrich Schiller kennen, und bald wurde die Freundschaft zwischen ihnen sehr eng.

1 Lies den Text. Frage dann nach den Ortsangaben (Wo, woher, wohin?) im Kopf, und unterstreiche sie grün.

2 Unterstreiche die Zeitangaben (Wann, seit wann, wie oft, wie lange?) orange.

3 Unterstreiche die Angaben zur Art und Weise (Wie?) lila.

Realschul-Check

4 Unterstreiche die Ortsangaben grün, die Zeitangaben orange und die Angaben zur Art und Weise lila.

In dem Drama „Faust“ von Goethe lesen wir die Geschichte des Dr. Heinrich Faust. Faust ist Wissenschaftler, der sehr ehrgeizig ist. Da er nicht herausfindet, was der Sinn des Lebens ist, ist er sehr unzufrieden. Verzweifelt beschließt er, sich in seinem Studierzimmer mit Gift umzubringen. In dem Moment, in dem er das Gift trinken will, ertönt von draußen ein Glockenklang: Es ist Ostern. Faust hört im Freien Spaziergänger und erinnert sich an früher. Weinend setzt er das Gift sofort ab. Am nächsten Morgen geht er mit seinem Assistenten Wagner draußen spazieren. Unterwegs entdeckt er einen Pudel, der ihm ständig nachläuft. Wieder daheim verwandelt sich der Hund plötzlich in Mephisto, den Teufel. Mephisto schließt mit Faust eine unheimliche Wette ab.

Name: Klasse: Datum:

1 Verwandle die Verben oder Adjektive durch einen nachgestellten Wortbaustein (z. B. -nis, -ung, -heit usw.) zu je einem Nomen.

finster: ____________ heizen: ____________
eitel: ____________ ereignen: ____________
freundlich: ____________ verlegen: ____________

6 P.

2 Setze je ein Verb und einen vorangestellten Wortbaustein zusammen. Bilde auch Nomen!

Ab-/ab- Ent-/ent- Ver-/ver- Vor-/vor- miss- un- an- aus- be- nach-

stehen: ____________ sorgen: ____________
werfen: ____________ handeln: ____________
brauchen: ____________ reden: ____________
messen: ____________ denken: ____________

8 P.

3 Erfrage die Fälle der unterstrichenen Satzglieder, beantworte sie, und bestimme die Fälle. Benutze dazu dein Heft.
<u>Die Kinder</u> sollen <u>an den Zeichnungen</u> <u>des Illustrators</u> <u>Spaß</u> haben.

8 P.

4 Schreibe die Sätze in den angegebenen Personal- und Zeitformen auf.

Die Ferien verbringen wir auf einer einsamen Insel. (Zukunft, du)

____

Dort lieh ich mir ein Ruderboot aus. (2. Vergangenheit, sie sich, Plural)

____

Es wird für dich die schönste Zeit des Jahres sein. (Gegenwart, für ihn/sie)

____

3 P.

Name: Klasse: Datum:

5 Unterstreiche die Prädikate.

Der Spaceshuttle kam von seinem Ausflug ins All zurück. Er holte zwei Astronauten von der Raumstation ISS ab. Zum ersten Mal flog eine Touristin mit. Sie stellte fest, wie anstrengend so ein Weltraumflug sein kann.

	5 P.

6 Vergleiche die Nomen mithilfe des Adjektivs auf zwei verschiedene Arten. Schreibe in dein Heft.

Teich – See – Meer – tief   Beckenbauer – Beatles – Mozart – berühmt

Beispiel: Der Teich ist tief – der tiefe Teich, der See ist tiefer – der tiefere See, ...

	8 P.

7 Nenne drei Adjektive, die du nicht steigern kannst:

____

	3 P.

8 Verknüpfe jeweils die beiden Sätze. Benutze die Bindewörter *weil, aber, oder* je einmal.
Schreibe in dein Heft.

Celine freut sich. In einer Woche beginnen die Ferien.

Sie möchte später mit Mika spielen. Davor muss sie ihre Hausaufgaben machen.

Soll Celine mit Deutsch anfangen? Soll sie zuerst die Matheaufgaben lösen?

	3 P.

In diesem Test habe ich [   ] Punkte von insgesamt 44 Punkten erreicht.

Das entspricht der Note [   ]. (Schau in den Lösungen auf Seite 17 nach).

Das ist wichtig:

Alle Erzählungen brauchen diese vier Bausteine:
1. **Überschrift** (die neugierig auf den Text macht)
2. **Einleitung** (die kurz erzählt, was wann wo passiert)
3. **Hauptteil** (in dem es spannend zugeht)
4. **Schlussteil mit Schlusssatz** (der die Erzählung zu einem guten oder schlechten oder auch offenen Ende bringt.

1 Hier sind zwei verschiedene Erzählungen durcheinandergeraten.
Male alle Textteile, die zu einer Erzählung gehören, in der gleichen Farbe an.

Maja spielt auf dem Schulhof mit ihrem Ball. Sie übt das Dribbeln, damit ihr Team beim Basketball-Turnier in der nächsten Woche gute Chancen auf den Titel hat. K	Als die Prinzessin den Hofarzt sah, wurden alsbald ihre Knie weich, und ebenso erging es dem Arzt. Schnell machte er den König gesund, verordnete der Prinzessin Ballverbot und nahm sie zur Frau. Und wenn sie nicht gestorben sind, dann leben sie noch heute. L
Das wollte die Prinzessin aber nicht hören. Da wurde der König böse und er befahl: „Wer es vermag, meiner Tochter das Ballspiel abzugewöhnen, der soll sie zur Frau bekommen!“ Daraufhin wurde auch die Prinzessin wütend, sie nahm ihren Ball und warf ihn dem König an den Kopf. Schnell schickte man nach dem Hofarzt, dass er die Beule behandeln sollte. E	Da kommt Tobi um die Ecke geschossen, greift sich den Ball und rennt weg. Maja schreit: „He, gib mir den Ball wieder!“, und rennt ihm nach. Bald holt sie ihn ein. Jetzt beginnt ein wildes Gerangel. Majas Freundin Lea beobachtet alles und will helfen. Sie versucht, die wilde Meute auseinanderzuhalten, die sich lauthals gegenseitig beschimpft. A
Lea wartet, bis sich die beiden ein wenig beruhigt haben. Dann sagt sie: „Wieso zankt ihr euch? Warum spielen wir nicht alle zusammen? Dann habt ihr euren Spaß, und Maja kann üben.“ Tobi und Maja sind einverstanden. Die drei spielen den ganzen Nachmittag. So gut war Maja noch nie auf ein Turnier vorbereitet! Y	Es war einmal vor langer Zeit eine Prinzessin. Die tat nichts lieber, als mit ihrem Basketball zu spielen. Tagaus, tagein dribbelte sie im Schlossgarten mit ihrem güldenen Gummiball, sodass der König schon ganz erschüttert war. Denn eigentlich sollte die Prinzessin tanzen üben, damit sie bald verheiratet werden konnte. I
Das Märchen vom Basketball Z	Der Ball-Streit O

2 Überlege, in welcher Reihenfolge die Textteile aus Aufgabe 1 stehen müssen, und schreibe die dazugehörigen Buchstaben auf. Achte darauf, dass zuerst die Überschrift, dann die Einleitung, danach der Hauptteil und erst dann der Schluss stehen muss!

Wenn du alles richtig sortiert hast, erhältst du zwei Lösungswörter.

Das Lösungswort für die Erlebniserzählung ist: ______________________.

Das Lösungswort für das Märchen lautet: ______________________.

Realschul-Check

3 Hier findest du einige Textausschnitte. Entscheide, zu welchem **Textbaustein** die Ausschnitte gehören: Überschrift (Ü), Einleitung (E), Hauptteil (H), Schluss (S). Benutze die Abkürzungen in den Klammern.

	Textbaustein
Und wenn sie nicht gestorben sind, dann leben sie noch heute.	S
Plötzlich sehe ich, wie der Stein auf den kleinen Jungen zufliegt.	
Noch immer denke ich zurück an diesen schönen Tag, von dem ich euch erzählt habe.	
Ein traumhafter Ausflug	
Noch immer denke ich zurück an diesen schönen Tag, von dem ich euch jetzt erzählen werde.	

Das ist wichtig:

- Bei allen Erzählungen musst du darauf achten, dass in der Einleitung alle Informationen über die Hauptpersonen, den Ort und die Zeit stehen.
- Danach beginnt der Hauptteil: Jetzt führst du deine Erzählung zum Höhepunkt.
- Du musst eine Spannungskurve aufbauen. Die Steigerung führt zum Höhepunkt der Erzählung. Hier ist es besonders spannend.
- Sofort danach führst du deinen Leser ans Ende der Geschichte (Ausklang). Der Schluss bringt deine Erzählung zu einem offenen, guten oder schlechten Ende. Mit einem Schlusssatz schließt du die Erzählung ab.
- Präge dir den Textaufbau als „Erzählmaus" ein:

1 Verbessere den schlecht erzählten Hauptteil.

a) Lies dir den Text gut durch.

Maries erster Schultag

Marie beeilte sich, damit sie nicht zu spät kam. Sie kam 10 Minuten zu spät in die Schule. Marie öffnete die Klassentür. Die anderen Kinder saßen alle an ihren Plätzen. Frau Schlau drehte sich zu Marie um.

b) Schreibe dann diese Wörter in den Lückentext, um ihn zu verbessern:

Trotzdem | längst | Ärgerlich | Sie fasste all ihren Mut zusammen und | auf gar keinen Fall | rannte wie der Blitz | Alle

Maries erster Schultag

Marie r____________________. Am ersten Schultag wollte sie a____________________ zu spät kommen. T____________ erreichte sie erst 10 Minuten nach dem Gong den Klassenraum. S______________________________ öffnete die Tür. A________ anderen Kinder saßen l____________ an ihren Plätzen. Ä______________ drehte Frau Schlau sich zu Marie um.

Das ist wichtig:

- Um den Höhepunkt einer Erzählung besonders spannend zu schreiben, solltest du Satzanfänge benutzen, die Spannung erzeugen, wie zum Beispiel: *Plötzlich, Da, Auf einmal, Sofort, Endlich, In diesem Augenblick ...*
- Baue deine Sätze abwechslungsreich auf, und stelle die Satzglieder um. Achte dabei darauf, dass du den Sinn des Satzes nicht veränderst!

2 Stelle diese Sätze so um, dass der Sinn gleich bleibt. Beginne die Sätze mit **spannenden** Satzanfängen.

Beispiel:	Die Frau (Subjekt)	rannte (Prädikat)	**auf einmal**	durch die Gassen. (Objekt)
	Auf einmal	rannte (Prädikat)	die Frau (Subjekt)	durch die Gassen. (Objekt)

a) Der Mann stand **plötzlich** neben mir.

____

b) Ich drehte mich **sofort** um.

____

c) Sie bekam **da** einen riesigen Schreck.

____

d) Wir liefen **schnell** in Richtung Höhle.

____

e) Marie schnappte **auf einmal** nach Luft.

____

f) Der Hund rannte **blitzschnell** auf mich zu.

____

g) Das Licht ging **plötzlich** aus.

____

Das ist wichtig:

Achte beim Schreiben von Texten darauf, viele verschiedene treffende Verben und Adjektive zu verwenden. Sie helfen dir, genau auszudrücken, wie jemand etwas macht. Es klingt besser, wenn du zum Beispiel schreibst: „Ich bummelte durch die Stadt." anstatt „Ich ging durch die Stadt."
Der Leser weiß dann sofort, dass du dir beim Gehen Zeit gelassen und dir dabei die Stadt angesehen hast.

1 Male an:
- Wörter, die zum Wortfeld *sprechen* gehören, blau.
- Wörter, die zum Wortfeld *lachen* gehören, rot.
- Wörter, die zum Wortfeld *weinen* gehören, grün.
- Wörter, die zum Wortfeld *sehen* gehören, gelb.

kichern	beobachten	grinsen	schluchzen
heulen	reden	gaffen	lächeln
fragen	schmunzeln	entdecken	schwatzen
flüstern	betrachten	auslachen	stottern

Statt „sagen" kannst du auch benutzen: rufen, schreien, brüllen, erwidern, flüstern, meinen, antworten, fragen ...

2 Max hat Sätze geschrieben, ohne dabei treffende Wörter zu benutzen. Hilf ihm, sie zu verschönern, indem du die *schräg gedruckten* Wörter durch ein anderes, treffenderes Verb tauschst. Beachte, dass sich die Grundform ändert!

flüstern beichten tratschen berichten

a) Meine Mutter *spricht sehr laut* mit mir. Meine Mutter schimpft mit mir.

b) Ich *sage* dem Polizisten, was ich gesehen habe.

Ich ______________ dem Polizisten, was ich gesehen habe.

c) Paul hat eine Scheibe eingeworfen. Das muss er seinem Vater noch *sagen*.

Das muss er seinem Vater noch ______________.

d) Lia *spricht leise*: „Ich verrate dir jetzt ein Geheimnis!"

Lia ____

e) Frau Müller *spricht schlecht* über ihre Nachbarin.

____

3 Hier siehst du eine Möglichkeit, wie man Wortfelder anlegen kann: In der Mitte steht ein „Oberbegriff" und um ihn herum stehen alle Wörter, die stattdessen benutzt werden können.

Wortfeld „gehen"

flitzen spazieren rennen laufen marschieren **gehen** wandern joggen kriechen rasen schlendern krabbeln

Welcher Oberbegriff (Adjektiv!) passt zu diesen Wortfeldern? Schreibe ihn auf die Zeile dahinter.

stark | frieren | lernen | sich freuen | leise | laut | schnell | langsam

a) rasch, rasend, flott, flink, blitzschnell: __________

b) gemächlich, schleppend, schleichend, träge: __________

c) ohrenbetäubend, krachend, schrill, brüllend, grölend, kreischend: __________

d) flüsternd, wispernd, nahezu lautlos, kaum hörbar, gedämpft: __________

e) kräftig, muskulös, gewaltig: __________

f) bibbern, zittern, frösteln: __________

g) amüsieren, belustigen, frohlocken: __________

h) sich aneignen, pauken, studieren: __________

Das ist wichtig:

- Gedanken und Äußerungen von Personen (also gesprochene oder gedachte Sätze), die in Erzählungen vorkommen, solltest du in Form von **wörtlicher Rede** in deinen Text einfügen. Dies gestaltet deinen Text lebendig und macht das Lesen spannender. Achte dabei auf **Anführungszeichen** und **Begleitsätze**.
- Erzählungen werden in der Regel in der 1. Vergangenheit erzählt. In der wörtlichen Rede muss das nicht sein! Hier kommt es darauf an, auf was sich das Gesagte bezieht.

1 a) Entscheide in diesen Beispielen, ob die gewählte Zeitform in der wörtlichen Rede sinnvoll ist oder nicht!

	Zeitform ist sinnvoll	**Zeitform ist nicht sinnvoll**
„Hilfe!", schrie der Elefant. „Ich hatte Angst vor Mäusen!"	☐	☒
Wir hatten einen bösen Streit. Immer wieder sagte ich, dass er im Unrecht war. „Jetzt hatte ich aber die Nase voll!", schimpfte mein Freund.	☐	☐
Ich machte eine Faust in der Tasche und dachte: „Ging doch, wohin du wolltest!"	☐	☐
„Würdest du bitte den Tisch abräumen?", bat mich mein Vater.	☐	☐
„Mensch, ist das kalt hier! Ich zitterte ja am ganzen Körper!"	☐	☐
„Wenn du nicht so viel Schokolade essen würdest, wärst du auch nicht so dick", stellte mein Arzt fest.	☐	☐

b) Schreibe die Sätze, in denen die Zeitform nicht sinnvoll gewählt wurde, hier richtig auf.

Satz 1 (Beispiel): „Hilfe!", schrie der Elefant. „Ich habe Angst vor Mäusen!"

Satz 2: „Jetzt ______________________________

____

Satz 3: „Geh ______________________________

Satz 4: „Ich ______________________________

____

Realschul-Check

2 Mache diese Sätze spannender, indem du die Begleitsätze der wörtlichen Rede in die Mitte oder an das Ende verschiebst. Schreibe auf die Linien. Beispiel:

Mama sagte: „Ich gehe jetzt einkaufen. Soll ich dir etwas mitbringen?“

wird zu:

„Ich gehe jetzt einkaufen. Soll ich dir etwas mitbringen?“, sagte Mama.

„Ich gehe jetzt einkaufen“, sagte Mama. „Soll ich dir etwas mitbringen?“

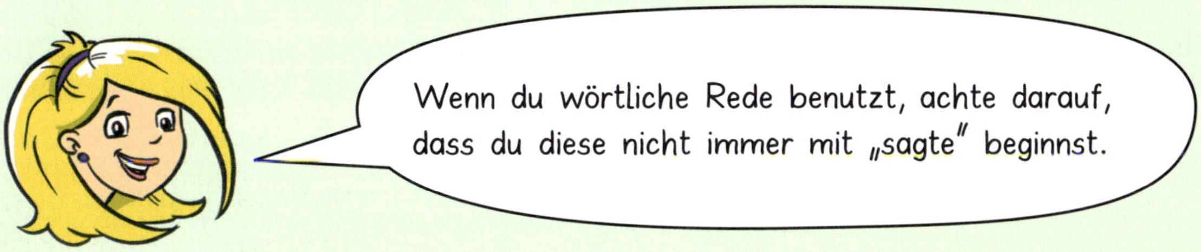

a) Lea flüsterte: „Versteck dich! Sonst finden sie uns noch!“

____

____

b) Der Magier begann: „Ringel Rangel Zwiebelfeld, Tobi hat jetzt ganz viel Geld!“

____

____

c) Frau Motzki schimpfte: „Spielt gefälligst woanders! Sonst hole ich die Polizei!“

____

____

d) Papa stellt fest: „Du bist sehr schlau! Das hast du bestimmt von Mama.“

____

____

1 a) Lies dir diese Einleitung gut durch.

Es war einmal vor langer Zeit ein Frosch, der lebte in einem tiefen Brunnen, viele Jahre lang. Er saß dort auf einem glitschigen Stein, der so winzig war, dass das Fröschlein gerade darauf Platz fand. Hier saß er nun, wie er es gewohnt war, und grübelte, ob das Schicksal ihm wohl auch glücklichere Tage verheißen möge.
Da platschte plötzlich etwas neben ihm ins Wasser. Behende sprang er vom Stein und tauchte ...

b) Um welche Textsorte handelt es sich?

☐ Interview ☐ Sachtext ☐ Märchen ☐ Bauanleitung ☐ Krimi

Das ist wichtig:

So kannst du ein Märchen schreiben:
- Die Überschrift klingt märchenhaft; es kommen Wörter vor wie *Prinz, Zauber, ...* oder „alte" Wörter, die heute niemand mehr benutzt, wie z. B. *Taler, Rapunzel ...*
- Märchen beginnen mit den Formulierungen: *Es war einmal ... , Einst lebte ... , Vor langer Zeit ...* Eine genaue Zeitangabe fehlt jedoch.
- In der Einleitung wird ein Problem beschrieben: Rotkäppchen muss durch den dunklen Wald; die Stiefmutter will das Kind loswerden.
- Im Hauptteil geht es spannend zu. Das Problem wird durch einen Zauber oder eine unmögliche Handlung gelöst: Der Prinz küsst ein totes Mädchen lebendig; Tränen sind Medizin gegen Blindheit.
- Der Schlusssatz wirkt beruhigend auf den Leser, z. B. *... und lebten glücklich bis an ihr Lebensende.*

2 Kreuze die passende Überschrift an:

☐ Wie Frösche leben – über Lebensbedingungen von Fröschen in Brunnen
☐ Interview mit einem Froschkönig ☐ Sherlock Frosch ☐ Der verzauberte Frosch
☐ Gestaltung von umweltgerechten Lebensräumen – wie man einen Brunnen anlegt

Das ist wichtig:

- Märchen gehen immer gut aus. Die Guten werden belohnt, die Bösen bestraft.
- Märchen werden in der 1. Vergangenheit geschrieben.
- Die Sprache ist märchenhaft, altmodisch („formelhafte Sprache“; z. B. *behende* statt *flink*, *zornig* statt *wütend*, *gülden* statt *golden*).
- Wörtliche Rede macht die Erzählung lebendig.
- Die Satzanfänge sind unterschiedlich.
- Möglichst viele verschiedene Verben und Adjektive werden benutzt.

3 Kreuze alle Sätze an, die im Hauptteil des Märchens gesprochen werden könnten. Beachte dazu die Regeln!

☐ „So gib mir doch mein güldenes Kügelchen wieder. Ich will auch versprechen, dich zum Manne zu nehmen!“

☐ „Na und?“, schimpfte der gerechte König. „Da hast du wohl ziemliches Pech gehabt, ne?“

☐ „Goldene Kugeln fallen unter die Luxus-Steuer. Her mit der Kohle!“, forderte der Steuerberater von der Prinzessin.

4 Überlege, welche der folgenden Sätze im Schlussteil vorkommen könnten.

☐ Aber im Jahr 1703 war alles wieder gut.

☐ Da jammerte die böse Prinzessin ob des ihr zuteilgewordenen Unglücks.

☐ Es gab einen ordentlichen Prozess. Der Staatsanwalt lieferte jedoch nur Indizien und keine Beweise, sodass der Frosch freigesprochen wurde.

☐ Und seitdem bereitete die Prinzessin dem guten Frosch Tag für Tag sein Lieblingsmahl.

5 Wähle einen passenden Schlusssatz für das Märchen aus.

☐ Und deshalb soll man keine Kugeln in Brunnen werfen.

☐ Und wenn sie nicht gestorben sind, dann leben sie noch heute.

☐ Schalten Sie auch nächste Woche wieder ein, wenn Sie die Prinzessin sagen hören wollen: „Wenn du weiter Fliegen isst, werfe ich dich wieder in den Brunnen!“

6 Wähle eine Fortsetzung zu der Märchen-Einleitung bei Aufgabe 1. Beachte die Regeln in den Merksätzen auf den Seiten 64 und 65!

☐ Der Frosch tauchte total tief und erst mal konnte er fast nichts sehen: Das Wasser war ziemlich dreckig. Aber da leuchtete irgendetwas unten, wie eine Taschenlampe. Dummerweise gehörte der Frosch zu denen, die besonders neugierig waren und deshalb gab er alles, damit er ganz runter kam. Und dann war er ganz nah dran an dem goldenen Ball. Der war echt voll cool. A

☐ Tiefer und tiefer tauche ich und zunächst sehe ich nicht viel: Das Wasser ist trübe geworden über die Jahre. Schlammig ist's am Rand und am Grund des Brunnens. Doch sehe ich in der Tiefe ein helles Leuchten, das ist so hell, dass ich allzu neugierig bin. Gülden strahlt es in der schlammigen Tiefe. Und als ich das Licht fast erreiche, erblicke ich eine Kugel, so schön und rund und gülden, dass ich sie zu greifen wünsche. B

☐ Tiefer und tiefer tauchte der Frosch und zunächst sah er nicht viel: Das Wasser war trübe geworden über die Jahre. Schlammig war's am Rand und am Grund des Brunnens, wenngleich er bislang nie den Grund erreicht hatte, zu tief lag dieser. Doch sah er in der Tiefe ein helles Leuchten, das war so hell, dass das Fröschlein allzu neugierig war. Gülden strahlte es in der schlammigen Tiefe. Und als er das Licht fast erreicht hatte, erblickte er eine Kugel, so schön und rund und gülden, wie es ihm bisher noch nie zuvor in seinem traurigen Leben vergönnt war, selbiges zu greifen. C

☐ Und dann tauchte der Frosch tiefer und tiefer und zunächst sah er nicht viel: Das Wasser war trübe geworden über die Jahre. Und dann war's schlammig am Rand und am Grund des Brunnens. Und dann sah er in der Tiefe ein helles Leuchten, das war so hell, dass das Fröschlein allzu neugierig war. Und dann strahlte es gülden in der schlammigen Tiefe. Und dann, als er das Licht fast erreicht hatte, erblickte er eine Kugel, so schön und rund und gülden, wie es ihm bisher noch nie zuvor in seinem traurigen Leben vergönnt war, selbiges zu greifen. D

Das ist wichtig:

Darauf musst du bei Bildergeschichten achten:
- Sieh dir die Bilder genau an. Schreibe Stichworte auf, die dir zu den Bildern einfallen.
- Wähle eine Überschrift, die neugierig auf deine Geschichte macht.
- Gib den Personen, die in der Geschichte vorkommen, Namen.
- Lass die Personen sprechen (wörtliche Rede!). Schreibe auf, was sie denken, fühlen, sehen, hören.
- Verwende auch Fragen und Ausrufesätze.
- Denke dir einen passenden Schlusssatz aus.
- Halte die Erzählzeit ein: entweder Gegenwart oder Vergangenheit.

1 Sieh dir die Bilder genau an. Schreibe zunächst die Zahlen von 1 bis 4 in der richtigen Reihenfolge neben die Bilder.

a) ☐

eine Schlange gebildet hat

wie aus Eimern schüttet

triefend nass

____

b) ☐

____

____

____

____

c) ☐

____

____

____

d) ☐

____

____

____

2 Hier findest du Stichworte zu den Bildern. Schreibe die jeweils passenden unter die Bilder. Streiche durch, was du abgeschrieben hast.

~~eine Schlange gebildet hat~~ | stellen sich unter | telefoniert | kommt ein Mann | ungeduldig | gucken böse | kräftig klopft er mit dem Stock gegen die Tür | reicht Schirm | ~~triefend nass~~ | sonnig | beginnt zu regnen | ~~wie aus Eimern schüttet~~

- Beschreibe, was die Personen denken, sehen, hören und fühlen.
- Überlege genau, was zwischen den Bildern passieren könnte, und schreibe es auf.
- Lass die Personen sprechen. Benutze wörtliche Rede.

3 Bilde mithilfe der Stichworte in Aufgabe 2 Sätze. Achte dabei auf die richtige Reihenfolge der Bilder!

Herr Laber telefoniert

Bild 1: Herr Laber steht in der Telefonzelle. Er ____________________ seit langem einmal wieder mit seiner Tante Lotte aus Suhrhusen. Die beiden haben sich viel zu erzählen. Wenig später kommt Herr Schnösel des Weges. Er möchte gerne seine Mutter anrufen.

Bild 2: Mittlerweile ____________ es ______________. Herr Otto ist

gekommen und hat sich hinter Herrn Schnösel gestellt, wie es sich gehört.

Ach ja, und dann ist da noch Herr Müller, der dringend mit seiner Frau

sprechen muss. So langsam wird die Schlange ungeduldig. Die Männer

___________________. Da platzt Herrn Schnösel der Kragen! Kräftig

____.

Die Scheibe droht zu brechen. Herr Laber dreht sich langsam zu den wartenden

Herren um.

Bild 3: Über alle Maße erstaunt stellt er fest, dass sich hinter ihm __________________

________________________. Und die ist mittlerweile nicht nur schlecht gelaunt, sondern

auch ________________________. Das liegt daran, dass es _________________________

______________. Freundlich öffnet Herr Laber die Tür und __________ den

erstaunten Männern seinen ______________.

Bild 4: Nun stehen sie da, Herr Schnösel, Herr Otto und auch Herr Müller, triefend

nass und sehr verdutzt. Sie öffnen den Schirm und _______________________________.

Und wenn sie nicht gestorben sind, dann stehen sie noch immer dort.

Denn Herr Laber ist noch lange nicht fertig!

Das ist wichtig:

- „Nacherzählung“ bedeutet, dass du einen Text in deinen eigenen Worten aufschreibst.
- Du darfst nichts dazuerfinden, aber auch nichts Wichtiges weglassen!
- Halte dich an den Aufbau: Überschrift, Einleitung, Hauptteil, Schluss. (Sieh dir am besten die Regel auf Seite 56 noch einmal an!)
- Achte auf wechselnde Satzanfänge, treffende Verben und Adjektive!
- Schreibe durchgängig in der Er-Form oder in der Ich-Form!
- Schreibe in der 1. Vergangenheit!

1 In dieser Nacherzählung sind die Sätze durcheinandergeraten.
Nummeriere die Textausschnitte von 1 bis 8.

☐ Die Bürger waren damit einverstanden. Also zog der Mann seine Flöte heraus und begann, eine wohlklingende Melodie darauf zu spielen. Kurz darauf krabbelten aus sämtlichen Kellern und Löchern Ratten und Mäuse und sammelten sich um den Mann herum.

☐ Der Rattenfänger ging nun in die Stadt zurück, um seinen verdienten Lohn abzuholen. Schließlich war nun die Plage bekämpft. Aber das versprochene Geld wollten die Bürger dem Manne nicht zahlen. Enttäuscht zog der Rattenfänger von dannen.

☐ Man schrieb das Jahr 1284, als man in Hameln von einer schrecklichen Rattenplage heimgesucht wurde. Da trug es sich zu, dass ein seltsam aussehender Herr in die Stadt kam. Er trug sehr bunte Kleidung. Das war nicht üblich in jener Zeit. Er behauptete, Rattenfänger zu sein und dass er die Stadt von ihrer Plage befreien könnte, wenn diese ihm einen recht hohen Lohn bezahlen würde.

[1] Der Rattenfänger von Hameln

☐ Als er sich sicher war, dass nun alle Plagegeister bei ihm waren, zog er, immer noch flötend, aus der Stadt hinaus, bis er an einen Fluss gelangte. Am Ufer blieb er stehen. Die Ratten und Mäuse aber liefen weiter, fielen in den Fluss und ertranken.

☐ Bald darauf kehrte er zurück. Während alle Erwachsenen in der Kirche saßen, begann der Rattenfänger erneut auf seiner Flöte zu spielen. Doch kamen statt Ratten alle Kinder gelaufen, um den Tönen zu lauschen.

☐ Angeblich kehrten zwei weitere Kinder zurück. Davon war eines blind und konnte den Ort nicht zeigen, das andere war stumm und konnte nichts erzählen. Manche behaupteten, der Rattenfänger habe die Kinder in eine Höhle gebracht, aus der sie flüchten konnten. Schließlich waren es aber an die 130 Kinder, die man seit damals nie wieder gesehen hat.

☐ Und auch sie folgten der wunderlichen Musik, ebenso wie die Ratten und Mäuse. Der Mann aber geleitete sie diesmal nicht zum Fluss, sondern durch das Ostertore hinaus, hinter einen Berg. Und dort verschwanden allesamt. Ein kleiner Junge war am Ostertore umgekehrt. Er fror und wollte sein Jäcklein holen, und das war seine Rettung.

Realschul-Check

2 Entscheide, welche der folgenden Sätze in einer Nacherzählung vorkommen könnten. Kreuze sie an. Beachte dabei die Regeln im Merkkasten.

a) ☐ Am 26. Juni kehrte er jedoch zurück.

b) ☐ Zwei Kinder kehrten zurück, eines blind, das andere stumm.

c) ☐ Das Wetter am 26. Juni 1284 war sonnig, leicht bewölkt. Aber es war warm.

d) ☐ Aus die Maus. Mickey Maus.

e) ☐ Ein Knäblein kehrt um. Ihm ist kalt. Es möchte seine Jacke holen.

„Der Rattenfänger von Hameln" ist eine Sage. Sagen erzählen aus der Vergangenheit und knüpfen an wirkliche Geschehnisse an. Deshalb erfährt man auch meistens, wo und wann alles passiert ist.

Das ist wichtig:

Bauanleitungen gehören zur Textsorte **Vorgangsbeschreibung**. Die Schreibregeln (unten auf Seite 73), die hierfür gelten, musst du auch bei Versuchsbeschreibungen, Rezepten oder Spielanleitungen beachten. Für all diese Texte solltest du folgende Vorbereitungen treffen:

- Notiere genau (zunächst in Stichworten), welche Arbeiten zu tun sind, um zu dem richtigen Ergebnis zu kommen. Achte dabei unbedingt auf die richtige Reihenfolge!
- Schreibe dir dann auf, welche Materialien du benötigst. Kontrolliere genau, ob du nichts vergessen hast!

1 Kontrolliere mithilfe dieser Einkaufsliste, ob alle nötigen Materialien im Einkaufswagen liegen.

- ☐ 1 Papprolle
- ☐ etwa 100 Nägel mit flachem Köpfchen, die etwa 1 cm kürzer sind als der Durchmesser der Papprolle
- ☐ 1 Hammer
- ☐ 2 Stücke Plastikfolie (von einer Plastiktüte)
- ☐ 1 Beutel Reis, 200 g Erbsen, Linsen oder Bohnen
- ☐ Klebeband
- ☐ Kleister
- ☐ Wasser
- ☐ Zeitungspapier
- ☐ Küchenrolle
- ☐ Pinsel
- ☐ Abtön- oder Plakatfarbe

2 Hier siehst du die Bauanleitung in Bildern. Sortiere die Bilder in der richtigen Reihenfolge, indem du in die Kästchen Zahlen von 1 bis 8 schreibst.

So baust du einen Regenmacher:

Das ist wichtig:

Schreibregeln für Bauanleitungen (Vorgangsbeschreibungen):

- Zuerst musst du eine Liste schreiben, auf der alles steht, was du brauchst.
- Danach beschreibst du Schritt für Schritt, was getan werden muss. Du kannst die einzelnen Schritte nummerieren, dann ist es ein wenig einfacher.
- Deine Satzanfänge können die Reihenfolge unterstützen, z. B. *Zuerst, Danach, Als Nächstes, Jetzt …*
- Ergänze Zeichnungen, auf denen man erkennen kann, was man tun muss.
- Vorgangsbeschreibungen musst du in der Gegenwart schreiben.
- Schreibe durchgängig in einer Form. Du kannst in der Ich-Form **oder** der Du-Form **oder** der Man-Form schreiben.

3 Bestimmte Wörter verdeutlichen gut die Reihenfolge der Arbeitsschritte. Setze diese Wörter in der Bauanleitung ein. Jedes Wort darf nur einmal vorkommen! Streiche deshalb die Wörter durch, die du benutzt hast.

danach | zuerst | nun | zum Schluss | dann | anschließend | im Anschluss daran | schließlich

1. ______________________ hämmerst du die Nägel spiralförmig rundherum in die Papprolle.
2. Eine Öffnung der Papprolle verschließt du ______________________ mit Plastikfolie.
3. Fülle ______________________ den Reis, die Erbsen, Linsen oder Bohnen in die Rolle.
4. ______________________ verschließt du die letzte Öffnung der Rolle mit Folie, so wie du es an der anderen Seite gemacht hast.
5. Damit die Nägel nicht wieder herausfallen, umklebst du ______________________ die ganze Rolle mit Klebeband.
6. Bestreiche die Rolle ______________________ mit Kleister, und klebe etwa 2 Schichten Altpapier (Zeitungspapier) auf. Als letzte Schicht nimmst du weißes Papier von der Küchenrolle. ______________________ lässt du die Rolle gut trocknen (etwa einen Tag).
7. Wenn dein Pappmaché getrocknet ist, kannst du ______________________ deine Rolle mit Abtön- oder Plakatfarbe bemalen.

Realschul-Check

4 In jedem dieser Textausschnitte versteckt sich ein Fehler! Schreibe den gemachten Fehler hinter die Sätze in das Kästchen:

Ist die Reihenfolge der Handlungsschritte falsch, schreibe **R** ins Kästchen. Wurde die Zeitform nicht beachtet, schreibe **Z**.

Beispiel: **Nachdem du die Rolle mit Pappmaché eingekleistert hast, hämmerst du die Nägel ein.** [R]

1. Bevor du die Rolle mit Pappmaché einkleisterst, musst du sie einen Tag trocknen lassen. [ ]
2. Wenn man die Rolle schön angemalt hat, muss man die Nägel einhämmern. [ ]
3. Zuerst hämmerte ich die Nägel spiralförmig in die Papprolle. [ ]

Das ist wichtig:

Wenn du einen Lebenslauf schreiben möchtest, musst du zunächst alle wichtigen Daten und Ereignisse dieser Person kennen. Kläre dazu vorher diese „W-Fragen“:

- Wie heißt die Person?
- Wo, wann und von wem wurde sie geboren?
- Wo hat die Person gelebt (oder: Wo lebt die Person jetzt)?
- Wann und was hat sie gemacht oder erfunden?
- Was machte die Person bekannt oder berühmt?
- Wann und wo ist die Person gestorben?

Einen Lebenslauf schreibt man in der 1. Vergangenheit. Nur Dinge, die jetzt im Moment geschehen, darfst du in der Gegenwart schreiben (z. B. *Für das Jahr 2035 plant Madonna jetzt schon ein großes Comeback*).

1 Im Musikunterricht der Klasse 4a arbeiten die Kinder zum Thema „Klassische Musik“. Hannah leiht sich in der Bibliothek Bücher zum Komponisten Vivaldi aus und schreibt die wichtigsten Informationen in Stichworten auf:

- [ ] *4. März 1678
- [ ] geb. in Venedig
- [ ] Papa: Giovanni Battista; Geiger, Violinunterricht; Mama: Camilla
- [ ] 1. Job: 1688 – 1689 Aushilfsgeiger / herzogliches Orchester
- [ ] Papa: „Werde Priester, um Geld zu verdienen!“
- [ ] 1703 Priesterweihe „il preto rosso“ → rote Haare
- [ ] 1/2 Jahr später: Violinlehrer im Waisenhaus → arme + reiche Mädchen, gründliche Schulbildung, eines der besten Orchester Europas
- [ ] 1718 Mantua
- [ ] 1721 mehrmals in Rom
- [ ] Jan. 1723 Aufführung der ersten Oper in Venedig
- [ ] 1726 wieder Venedig: Teatro S. Angelo; Sängerin: Anna Cirò, 16
- [ ] 1730 „Die vier Jahreszeiten“
- [ ] † 28.7.1741 in Wien

Diesen Lebenslauf hat Hannah dann geschrieben.
Fülle die Lücken mithilfe von Hannahs Notizen.

Antonio Vivaldi

Antonio Vivaldi wurde am ____________ 1678 geboren. Sein Vater, Giovanni Battista Vivaldi, war ____________, seine Mutter hieß Camilla.
Den ersten ___________________________ erhielt Antonio von seinem Vater.
Mit 10 und 11 Jahren verdiente er sein erstes Geld als Aushilfsgeiger im herzoglichen _________________.
Der Vater beschloss, dass sein Sohn ____________ werden solle, damit Antonio ein gesichertes Einkommen habe.
1703 wurde Vivaldi Priester, er war nun ______ Jahre alt. Man nannte ihn „il preto rosso“, den roten Priester, weil er _______ Haare hatte. Nach 6 Monaten ging er als Violinlehrer in ein ___________________, in dem arme und reiche Mädchen eine gründliche Schul- und Musikausbildung erhielten. Die Mädchen dort bildeten eines der besten Orchester Europas.
Im Januar _______ wurde erstmals eine Oper von ihm in Venedig aufgeführt.
1730 erschien Vivaldis berühmtestes Werk: „_____________________________________“.
Im Alter von 63 Jahren, am 28. Juli 1741, starb Vivaldi in ____________, wo er auch begraben wurde.

2 Überprüfe, ob Hannahs Informationen im Text oben richtig sind.
Hake dazu alle verwendeten Notizen auf dem Notizzettel auf Seite 75 ab!

3 Welche Informationen hat Hannah ausgelassen?

____

____

____

____

4 a) Bewerte Hannahs Lebenslauf mithilfe dieser Checkliste, und kreuze an:

Schreibtipps für den Lebenslauf	**beachtet**	**nicht beach-tet**
Vor- und Nachname wurden erwähnt.		
Man erfährt: – wann die Person geboren worden ist		
– wo die Person geboren worden ist		
– etwas über die Eltern der Person		
– wo die Person gelebt hat		
– was die Person gearbeitet hat		
– wann und wo die Person gestorben ist		
Das berühmteste Werk ist benannt.		
Es wurden mehr als 5 unterschiedliche Satzanfänge benutzt.		
Es wurden bis zu 15 Adjektive benutzt.		
* Es wurden zwischen 16 und 20 Adjektive benutzt.		
Der Text wurde in der 1. Vergangenheit geschrieben.		
Der Text enthält keine Rechtschreibfehler.		
* Der Text ist ansprechend gestaltet: passende Bilder wurden dazu gemalt oder geklebt.		

b) Wenn Hannah die *-Tipps und alle zusätzlichen Schreibtipps beachtet hat, bekommt sie dafür die Note 1. Hat sie nur die *-Tipps nicht beachtet, bekommt sie eine 2. Wenn sie zusätzlich zwei bis drei Schreibtipps nicht beachtet hat, bekommt sie eine 3. Vier bis fünf nicht beachtete Schreibtipps sind eine 4.

Hannah bekommt für ihren Text die Note: _____

Realschul-Check

5 Kreuze hier den Überarbeitungstipp an, den du Hannah geben würdest:

Überarbeite deinen Text! Beachte dabei diese Hilfen:

- ☐ Benutze möglichst viele unterschiedliche Satzanfänge.
- ☐ Schreibe auf, wo Vivaldi geboren worden ist und wo er gelebt hat.
- ☐ Ergänze, wo und wann Vivaldi gestorben ist.

Das ist wichtig:

Ein **Bericht** soll **sachlich** und **genau** über etwas **informieren**. Gefühle oder Meinungen haben hier nichts zu suchen!

- Wenn du über etwas berichten willst, was bereits geschehen ist, musst du die 1. Vergangenheit benutzen. Ist davor noch etwas passiert, verwende die vollendete Vergangenheit.
- Ein Wetterbericht informiert darüber, was wahrscheinlich **geschehen wird**.
- In Wetterkarten findet man **Symbole**, die für bestimmte Wetterverhältnisse stehen. Sie helfen, den Text besser zu verstehen.

1 Übersicht über Wettersymbole:

Wie es am Himmel aussieht:

sonnig — leicht bewölkt — stark bewölkt — Gewitter

Niederschlag:

Regen — Schnee — Nebel — Glatteis

Zu welchen Symbolen passen diese Wettervorhersagen?

a) Es ist stark bewölkt mit Schneeschauern, die auch gewittrig sein können.

b) Der Himmel ist wolkig, und wiederholt gibt es Regenschauer. Auch kurze Gewitter sind möglich. Vorübergehend ist es sonnig.

c) Der Morgen beginnt mit Sonnenschein. Nur stellenweise bildet sich Nebel, der sich im Verlauf des Vormittages auflöst. Nachmittags bilden sich Wolken, die gegen Abend die Sonne verdrängen.

Das ist wichtig:

Das gehört in einen **Wetterbericht**:
- Wähle eine Überschrift, in der das Wort Wettervorhersage, der Ort und das Datum genannt wird.
- Schreibe alle Informationen zum Wetter (Sonne oder Wolken, Nebel, Niederschlag, Gewitter, Wind, Temperatur) an diesem Tag in der richtigen Reihenfolge (morgens bis nachts) auf.
- Gib auch an, wie das Wetter voraussichtlich werden wird.
- Schreibe sachlich und in der Gegenwart.
- Denke an wechselnde Satzanfänge.

2 Übersetze in diesem Text die Zeichen.

Wettervorhersage

Der Tag beginnt freundlich, mit viel  ____________. Im Tagesverlauf ist es zunächst  ____________. Gegen Abend besteht  ____________-gefahr. Nachts kann es gelegentlich zu  ____________schauern kommen, die zu  ________________ und somit starken Verkehrsbehinderungen führen können. Die nächste Woche beginnt mit weiteren  ________________.

Realschul-Check

3 Kontrolliere den Text aus Aufgabe 2 mit den Schreibregeln im oberen Kasten. Welche Informationen müssen ergänzt werden, damit der Wetterbericht alle wichtigen Informationen enthält? Kreuze an.

- ☐ Gestern stimmte unsere Vorhersage nicht, aber heute machen wir es besser.
- ☐ Der Wind weht schwach aus Nordost, in Böen stärker.
- ☐ Die Tageshöchsttemperaturen liegen bei 5° C bis 10° C (Grad Celsius).
- ☐ Die Tiefstwerte erreichen 0° C bis – 9° C.
- ☐ Wir bedauern sehr, Ihnen kein schöneres Wetter ansagen zu können.
- ☐ Wetterbericht für Köln für Montag, den 29.02.2097

Das ist wichtig:

Sachtexte kannst du durch Bilder, Tabellen, Statistiken zum jeweiligen Thema professionell gestalten. Deine Leser gewinnen dadurch nicht nur Informationen aus dem Geschriebenen. Bilder und Tabellen können hilfreich sein, das Gelesene besser zu verstehen, wenn du sie so auswählst, dass sie deinen Text auch wirklich ergänzen. Falsche oder ungenaue Bilder sind allerdings nicht zu gebrauchen!

1 Lies den Text, und schreibe die Namen der WM-Sieger in den richtigen Balken.

Die erste Formel-1-Weltmeisterschaft wurde 1950 ausgetragen. Seitdem gab es einige Rennfahrer, die zu Legenden des Motorsports wurden. So holten sich bis 2006 diese fünf Rennfahrer je dreimal den Titel: Jack Brabham, Jackie Stewart, Niki Lauda, Nelson Piquet und Ayrton Senna. Vier WM-Siege konnte Alain Prost erringen. Juan Manuel Fangio wurde gleich fünfmal Weltmeister. Michael Schumacher hingegen gelang es bis 2005 ganze sieben Mal!

Mehrfache Formel-1-Weltmeister seit 1950

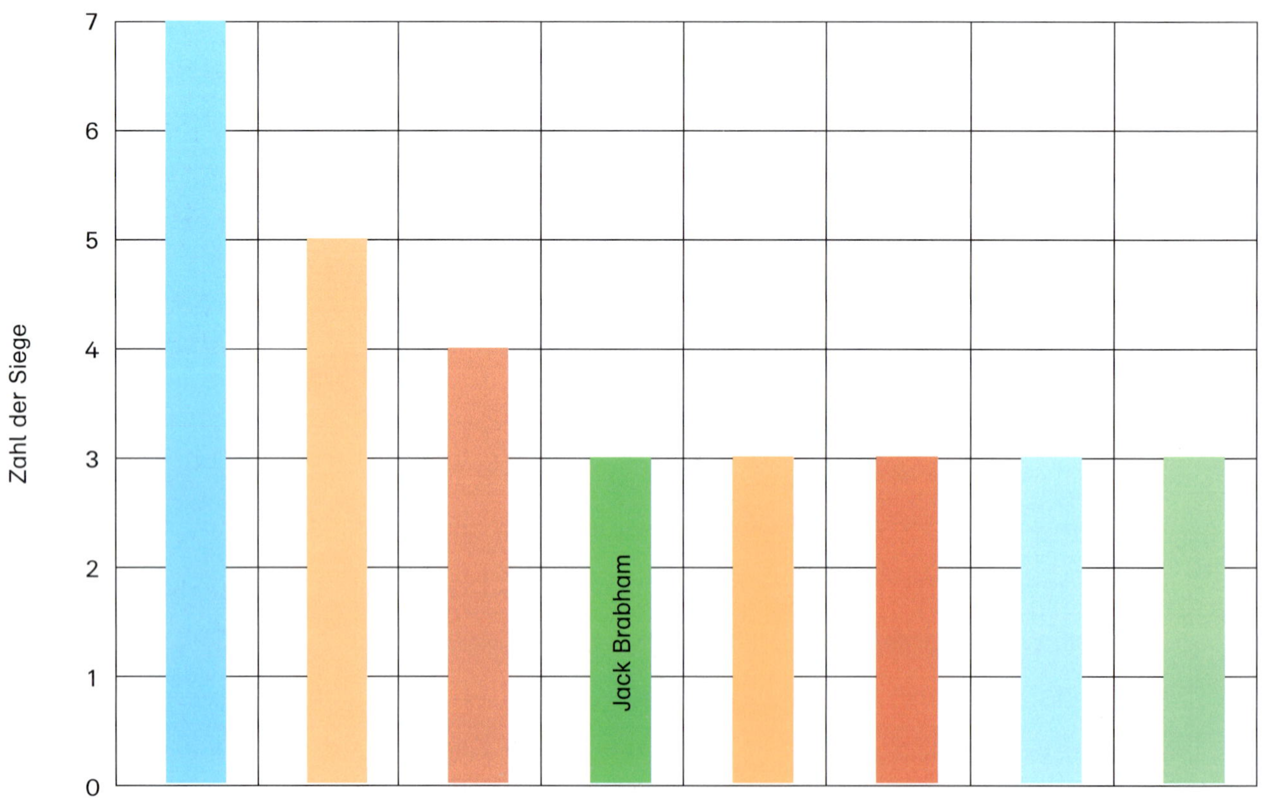

Alle Rennstrecken der Formel-1-Weltmeisterschaft 2007 auf einen Blick

Name der Strecke	**Rennstrecken-länge in km**	**Runden pro Rennen**	**Rundenlänge in km**
Sakhir	308,484	57	5,421
Malaysia: Sepang	310,408	56	5,543
Australien: Albert Park	307,574	58	5,303
Nürburgring	308,880	60	5,148
Spanien; Barcelona: Catalunya	305,382	66	4,627
Monaco	260,520	78	3,340
Großbritannien: Silverstone	308,460	60	5,141
Kanada; Montreal: Gilles-Villeneuve	305,270	70	4,361
Frankreich; Nevers: Magny-Cours	308,770	70	4,411
Ungarn; Budapest: Hungaroring	306,670	70	4,381
Türkei: Istanbul	309,604	58	5,338
Italien; Monza	307,029	53	5,793
China; Shanghai	305,256	56	5,451
Japan; Fuji International Speedway	305,721	67	4,563
Brasilien; Rio de Janeiro: Nelson-Piquet	305,939	71	4,309
Belgien; Spa: Francorchamp	306,812	44	6,973

2 Im Jahr 2007 mussten die Rennfahrer auf insgesamt 16 verschiedenen Rennstrecken in unterschiedlichen Ländern der Welt ihr Können unter Beweis stellen. Dabei war keine Strecke gleich lang, die Rundenlängen waren unterschiedlich.

Schreibe alle Orte auf, auf denen mehr als 69 Runden gefahren werden mussten. Sortiere sie aufsteigend der Größe nach, und zwar so, dass du die Strecke mit der kürzesten Rundenlänge zuerst nennst. Die Streckenlänge musst du nicht dazuschreiben.

Beispiel: 58 Runden: Australien (5,303 km), Istanbul (5,338 km)

Das ist wichtig:

- Eine **Personenbeschreibung** muss **genau** und **sachlich** sein, damit dein Leser sich den beschriebenen Menschen möglichst genau vorstellen kann. Man nennt diese Textform auch Steckbrief.
- Dabei beschreibst du zuerst das Gesamtbild (Geschlecht, Alter, Größe, Statur) und kommst dann zu den Details (Frisur, Haarfarbe, Augenfarbe und -form, Nasenform, Mundform, Besonderheiten wie Narben oder Sommersprossen). Da sich Kleidung und Schuhe verändern können, erwähnst du sie erst danach, vom Kopf bis zu den Füßen.
- Treffende Adjektive sind sehr wichtig!
- Verzichte bei einer Beschreibung auf deine eigene Meinung oder deine Gefühle.
- Schreibe in der Gegenwart.

1 Ordne mithilfe der Schreibregeln diese Begriffe richtig ein.

grüne Leggins | weiblich | schulterlanges Haar

blond | Stupsnase | orange Ballerinas

Sommersprossen | große, blaue Augen | orange Bluse

schlank | 11 Jahre alt | lila Gürtel | zirka 1,50 m

Gesamtbild: ______________________________

____

Details: ______________________________

____

Kleidung: ______________________________

____

2 Bringe diese Personenbeschreibung in die richtige Reihenfolge, indem du die Sätze von 1 bis 11 nummerierst. Achte auf die Reihenfolge, die in den Regeln genannt wird! Schreibe die Suchanzeige dann in der richtigen Reihenfolge ab.

☐ Zur Zeit ihres Verschwindens trug sie einen gelben Strohhut mit einem roten Band auf ihrem Kopf.

☐ Sie ist ca. 120 cm groß und kräftig.

1 Gesucht wird Heidi.

☐ Ihre Haare sind schwarz und kinnlang.

☐ Die Augenfarbe ist haselnussbraun.

☐ Normalerweise hat sie rote Wangen und einige Sommersprossen.

☐ Schuhe trug sie nicht.

☐ Sie war mit einem gelben Kleid mit roter Schürze bekleidet.

☐ Wenn Sie Heidi gesehen haben, melden Sie sich bitte umgehend beim Almöhi!

☐ Sie hat eine kleine Stupsnase und schmale, rote Lippen.

☐ Gesucht wird ein etwa 5 Jahre altes Mädchen aus Frankfurt.

Das ist wichtig:

Ein **Interview** (Befragung) ist ein Gespräch, bei dem man jemandem Fragen stellt, um dadurch persönliche **Informationen** (zum Beispiel über einen Popstar) oder Sachverhalte (zum Beispiel über eine Erfindung oder Entdeckung) genau zu erfahren.
Wenn du eine Befragung durchführen willst, musst du dir **vorher** genau überlegen:

- welche Person Interessantes zu berichten hat.
- was du genau wissen möchtest und welche Informationen auch für andere interessant sein könnten.
- Achte beim Aufschreiben deiner Fragen und der Antworten darauf, dass du nur das aufschreibst, was auch wirklich gesagt worden ist. Hinzudichten oder umformulieren ist nicht erlaubt!
- Schreibe vor jede Äußerung den Namen desjenigen, der etwas gesagt hat.
- Merke dir: Formulierungen wie *Warum?, Aus welchen Gründen?, Wie kam es dazu, dass ...?* oder *Können Sie ... beschreiben?* fordern deinen Gesprächspartner auf, ausführlich zu antworten.

1 Stell dir vor, du hast ein Interview mit deinem Lieblingspopstar. Du darfst ihn duzen. Welche Fragen würdest du stellen? Wähle aus:

☐ „Wie heißt du?“ ☐ „Was ist deine Lieblingsspeise?“ ☐ „Magst du mich?“
☐ „Welche Instrumente kannst du spielen?“ ☐ „Welche Schuhgröße hast du?“
☐ „Was sagten deine Eltern dazu, als du Popstar werden wolltest?“
☐ „Findest du deine Fans nett?“ ☐ „Wer ist dein Vorbild?“
☐ „Wann und womit hast du angefangen, Musik zu machen?“

2 Bei welchen Fragen wurden Fehler gemacht? Schreibe dazu, um welche Fehler es sich handelt: sinnlose Frage = S unhöfliche Frage = U kein Fehler = ✓
Frage, auf die man nur mit ja/nein antworten kann = J/N

„Wie viel Uhr ist es Ihrer Meinung nach?" ☐

„Warum tragen Sie so eine hässliche Frisur?" ☐

„Sind Sie verheiratet?" ☐

„Welche Musikrichtung gefällt Ihnen am besten?" ☐

„Viele Menschen können Sie nicht leiden. Was sagen Sie dazu?" ☐

„Mögen Sie Schokolade?" ☐

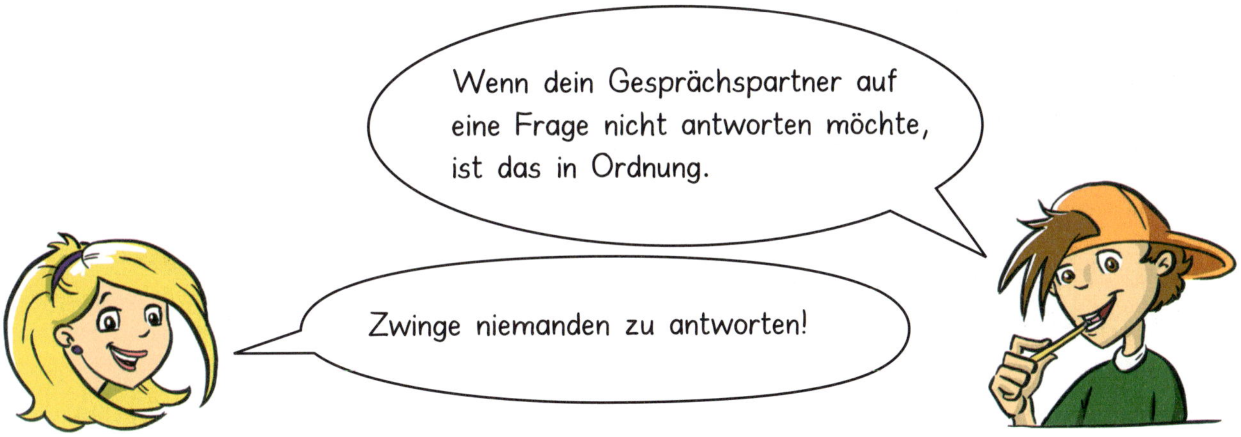

3 Hier findest du einige Beispielfragen für ein Interview mit einer Lehrerin.

a) Kreuze die Fragen an, die hilfreich und interessant sind.
b) Streiche alle „schlechten" Fragen durch, auf die du keine ausführliche oder ehrliche Antwort bekommen würdest.

☐ „Warum sind Sie Lehrerin geworden?"
☐ „Unterrichten Sie Kunst?"
☐ „Welches Fach unterrichten Sie am liebsten und warum?"
☐ „Wie alt sind Sie, und wie viel wiegen Sie?"
☐ „Aus welchen Gründen haben Sie sich entschieden, Lehrerin zu werden?"
☐ „Halten Sie sich für eine beliebte Lehrerin?"
☐ „Mögen Sie Hip-Hop?"
☐ „Welche Art von Musik hören Sie gerne?"
☐ „Treiben Sie eigentlich Sport?"
☐ „Welche Hobbys haben Sie?"

Das ist wichtig:

Sachtexte sollen **genau**, **sachlich** und **verständlich** über etwas **informieren**.

Das solltest du vor dem Schreiben tun:
- Überlege dir Fachausdrücke, treffende Verben und Adjektive, die das Sachgebiet genau beschreiben.
- Überlege dir Fragen zum Sachgebiet, die in deinem Text geklärt werden sollen.
- Schreibe in der Einleitung kurz (1 bis 2 Sätze), worum es geht.
- Berichte im Hauptteil so genau wie möglich, und halte eine sinnvolle Reihenfolge ein.
- Sachtexte werden meistens im Präsens geschrieben.

1 Marvin soll einen Text über das Haustier seiner Schwester Alina schreiben. Lies dir den Text gut durch, und versuche dann, die Lücken zu füllen. Diese Wörter brauchst du:

Timmi Käfig Jahre Futter Stücke schlafen
Wüstenrennmäuse Höhlen anknabbern
vorsichtig Schwanz Vegetarier Holzhaus
kuscheliges Wüste Fell sauber herum

Die Wüstenrennmaus

Alinas Wüstenrennmaus heißt T________________. Sie ist etwa zehn Zentimeter lang und an ihrem S________________ hat sie eine Quaste oder einen Pinsel.
Timmis F________________ ist grau.
Im Tiergeschäft kann man aber auch weiße, schwarze, graue oder sogar gescheckte W________________________ kaufen. Am Kopf und an den Pfoten hat Timmi viele Tasthaare, die ihm jede Berührung und Bewegung melden.
Das Mäuschen lebt in einem K________________, der etwa 30 cm breit, 50 cm tief und 25 cm hoch ist.
In der Natur leben Wüstenrennmäuse in der Steppe und nicht in der W____________!
Dort bauen sie sich H________________ mit vielen Gängen. Sie leben mit vielen Artgenossen zusammen und können drei bis vier J________________ alt werden.
Timmi ist V________________, er frisst nur Samen und Getreide.

Obst und Gemüse mag er auch, darf aber nur ganz wenig davon essen. Er bekommt täglich frisches F________________ und Wasser. Einmal pro Woche macht Alina den Käfig s________________. Sie reinigt ihn mit heißem Wasser und legt Heu, Sand oder Streu und Küchenrolle hinein. Das ist eine gute Zeit für die Rennmaus, in der Wohnung herumzuflitzen. Alina achtet darauf, dass Timmi nicht an Dinge herankommt, die er nicht a________________ darf.

Das Papier der Küchenrolle reißt Timmi in winzige S________________ und baut sich daraus ein k________________ Nest. Im Sand wälzt er sich h________________ und macht damit sein Fell sauber.

Timmi hat von Alinas Opa ein schickes H________________ bekommen. Das braucht er, wenn er s________________ oder klettern will, aber auch zum Nagen. Wenn man mit Timmi kuscheln will, muss man sehr v________________ sein, damit man ihn nicht erdrückt. Auf lateinisch heißt Wüstenrennmaus: Meriones unguiculatus. Das heißt übersetzt: „Krieger mit Krallen“.

2 Diese Fragen hat sich Marvin vorher aufgeschrieben. Hake alle Fragen ab, auf die du im Text eine Antwort finden kannst:

- ☐ Was für ein Tier ist es?
- ☐ Wie heißt es und wie sieht es genau aus?
- ☐ Wo lebt das Tier in der Natur?
- ☐ Wo lebt es zu Hause?
- ☐ Welches Futter braucht das Tier?
- ☐ Wie muss man es pflegen?

Realschul-Check

3 Überprüfe, ob Marvin diese **Schreibtipps für Sachtexte** beachtet hat:

	beachtet	nicht beachtet
Es wurde durchgängig in einer Erzählzeit geschrieben.		
In der Einleitung steht kurz beschrieben, um was es geht.		
Fachbegriffe wurden benutzt.		
Treffende Adjektive wurden verwendet.		
Man erfährt im Hauptteil genau, worum es geht.		
Es wurde ein passender Schlusssatz gefunden.		
Vor- und Nachteile wurden beschrieben.		

Das ist wichtig:

- **Gedichte** sind Texte, die sich oft reimen. Als Überschrift reicht meist ein einziges Wort aus.
- Sie stehen in Zeilen. Am Anfang jeder Zeile darf man großschreiben.
- Wenn sich die letzten Worte der Zeilen reimen, spricht man von **Reim- oder Versformen**. Dabei ist die Anzahl der **Silben** wichtig: Die Zeilen, die sich reimen, haben meistens auch gleich viele Silben.
- Um die Reimform zu kennzeichnen, benennt man jede Zeile mit einem Buchstaben. Sich reimende Zeilen bekommen dabei den gleichen Buchstaben. Dieses Gedicht entspricht der Reimform abab:

Früh morgens so um sieben Uhr	(a) (8 Silben)
kriecht ein Frosch durch die Hecke.	(b) (7 Silben)
Das ist wohl so in der Natur,	(a) (8 Silben)
denn so macht's auch die Zecke.	(b) (7 Silben)

1 In diesen Gedichten fehlen einige Reimwörter. Suche die richtigen aus dem Kasten heraus, und schreibe sie auf die Linien.

Nanu   Fred   Betten   Wind   zu Haus'
vorbei   Rind   Rad   Gedicht

Heute fällt die Schule aus
drum bleibe ich
________________.
Auch die Lehrer, das könnt' ich wetten,
bleiben heut' in ihren
________________.

Ein Skater namens ________________
hatte sich den Fuß verdreht.
Drum fuhr er ________________,
da war der Fuß grad.

Scheint die Sonne Anfang Mai,
ist grad der April ________________.
Scheint sie nicht,
bleibt trotzdem ein ________________.

„Da fliegt 'ne Kuh!",
ruft das Kind.
Die Oma meint:" ________________!
Dann ist wohl der ________________
zu stark fürs ________________!"

2 Bestimme die Silbenanzahl der Zeilen und die Reimform dieses Gedichtes:

Pollenallergie

Die Birken und die Haseln blüh'n, __ Silben

Ein Hase hoppelt über's Grün. __ Silben

Bunt strahlen Blumen auf den Wiesen. __ Silben

Frau Schulz strahlt nicht, denn sie muss niesen. __ Silben

Kreuze an:

Die Reimform ist ☐ aabb ☐ abba ☐ abab ☐ abca

Realschul-Check

3 Eine besondere Reimform findet man in „Limericks".
Diese Reime sind vor allem in England sehr beliebt. Limericks sind lustige 5-Zeiler, die der Reimform aabba entsprechen. Die a-Zeilen haben 9 Silben, die b-Zeilen nur 6.

Hier sind zwei Limericks durcheinandergeraten. Entwirre sie mithilfe der Limerickregeln. Beachte dabei die Reimform und die Silbenanzahl. Die erste und die letzte Zeile ist schon fertig. Setze die folgenden Zeilen an den richtigen Stellen ein, und schreibe die Limericks in dein Heft.

der rührte tagtäglich den Kleister.

Kam ein Rudel Pudel

Bald verließ ihn die Lust

fraß gern den Dreckstrudel.

beinah vergessen und voller Dreck.

schenkte alles Herrn Rust.

a) **Fleck-weg-Pudel**

Da gab es mal in Essen 'nen Fleck,

____

____

____

Da war der Dreck ruckzuck weg vom Fleck.

b) **Reise Meister**

Es lebte in Dortmund ein Meister,

____

____

____

Und seit diesem Tage verreist er.

Das ist wichtig:

Formulare sind dazu da, Informationen über Dinge, Tiere oder Menschen in kurzer Form aufzuschreiben. Das ist besonders wichtig, wenn du **Anträge** ausfüllen musst oder etwas verloren geht, das du genau beschreiben musst. Ähnlich wie bei einer Personenbeschreibung kommt es darauf an, dass du **nur bedeutsame Informationen und Merkmale** notierst.

1 Dorian kauft sich am 11.11. 2008 ein gebrauchtes Fahrrad im Geschäft „Die Bike-Profis". Der Verkäufer rät ihm, sofort einen Fahrradpass auszustellen, damit die Polizei sein Fahrrad besser finden kann, wenn es geklaut werden sollte.

a) Lies die Verkaufsbeschreibung von Dorians neuem Fahrrad durch.

Jugendrad „WK Blazer" **€ 159,00**

Chrom-Stahl Rahmen, schwarz; Schutzbleche silber;
Vorderreifen 24" (Zoll), Hinterreifen 20";
5-Gang-Shomina-SIS-Kettenschaltung;
Reflektoren; verkehrssicher;
Tacho der Firma Flitzi;
„Hüpfer"-Federgabel vorn;
spezieller Blazer-Sattel;
Beule im Schutzblech vorn.
Rahmennummer: WK-007;
Codiernummer: 0815.

b) Fülle mithilfe des Textes die Vorderseite des Fahrradpasses aus.

Fahrradpass			
Name:	Akin	**Wohnort:**	23409 Esens
Vorname:		**Rahmennummer:**	
Straße:	Mühlenbusch 23a	**Codiernummer:**	

Bitte Zutreffendes ankreuzen:

○ Kinderrad ○ Jugendrad ○ Damenrad

○ Herrenrad ○ Rennrad ○ Mountainbike

○ Trekkingrad ○ BMX-Rad ○ Tandem

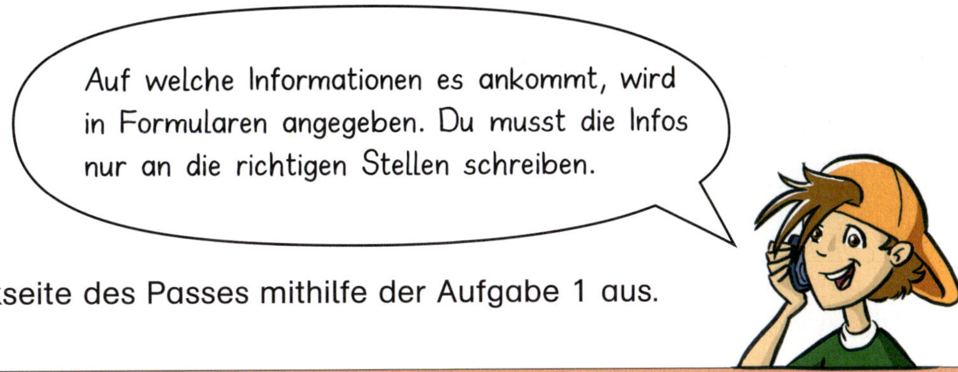

2 Fülle die Rückseite des Passes mithilfe der Aufgabe 1 aus.

Marke/Modell:		**Reifengröße vorn:**	
Rahmenfarbe:		**Reifengröße hinten:**	
Rahmenmaterial:		**Kaufdatum:**	
Schutzblechfarbe:		**Kaufpreis:**	
Kettenschaltung mit ________ Gängen			
Zubehör:	◯ Fahrradcomputer	◯ Tacho	
Federgabel:	◯ vorn	◯ hinten	
Händler:			
Besonderheiten:			
Beschädigungen:			

Fotografie des Fahrrades:

Realschul-Check

3 Dorian bekommt zum Geburtstag einen Fahrradcomputer, neue Schutzbleche in Schwarz und eine neue Gangschaltung mit fünf Gängen.

Welche Angaben muss er im Fahrradpass ändern? Kreuze an:

☐ Rahmenmaterial	☐ Rahmenfarbe	☐ Reifengröße
☐ Schutzblechfarbe	☐ Kettenschaltung	☐ Zubehör
☐ Federgabel	☐ Codiernummer	☐ Besonderheiten
☐ Rahmennummer	☐ Beschädigungen	☐ Marke/Modell

Das ist wichtig:

Regeln für das Schreiben von **Briefen**:

- Schreibe immer höflich! Niemand liest gerne einen „Schimpf-Brief“.
- Als Anrede kannst du schreiben:
  Liebe ..., Lieber ..., Sehr geehrte Frau ..., Sehr geehrter Herr ...
- Nach der Anrede steht ein Komma. Der Satzanfang nach der Anrede wird kleingeschrieben, wenn kein Nomen folgt.
- In Briefen an Erwachsene, die du nicht gut kennst, musst du die **Anredefürwörter**: *Sie, Ihr, Ihres, Ihrer, Ihren, Ihrem* immer großschreiben!
- Mögliche Schlusssätze für Briefe sind:
  Dein ..., Deine ..., Ihr ..., Ihre ..., Mit freundlichen Grüßen ...
- Vergiss am Ende nicht, deine Briefe zu unterschreiben.

1 Lies dir den Brief durch. Unterstreiche alle Anredepronomen (Anredefürwörter) orange.

S. Smith
Manor Road 53
42103 Brighton
England

01.06.2008

E. Haverkamp
Höhne 24
42179 Wuppertal
Germany

Sehr geehrte Frau Haverkamp,

ich schreibe Ihnen mit einem besonderen Wunsch. Ich bin Deutschlehrerin an einer Grundschule in England und suche für meine Klassenkinder Brieffreunde aus Deutschland. Vielleicht haben ja einige Ihrer Kinder Lust, mir zu schreiben. Wenn sich die Kinder kurz vorstellen, würde ich die Briefe Ihrer Schüler gerne an passende Kinder meiner Klasse weiterleiten. Vielleicht entstehen ja Freundschaften? Und die Kinder könnten sich später einmal in den Ferien gegenseitig besuchen? Das würde ihnen sicher Spaß machen.

Über Ihre Mitarbeit würde ich mich sehr freuen!

Mit freundlichen Grüßen

Ihre S. Smith

P.S.: Sind Ihre Klassenkinder auch zwischen 9 und 11 Jahre alt?

2 Der Antwortbrief wurde aus Versehen zerschnitten.

a) Sortiere die Textteile in der richtigen Reihenfolge. Nummeriere sie von 1 bis 8!

In der Schule lernen wir jetzt auch Englisch, aber zum Briefeschreiben reicht es bei mir noch nicht. ☐

ich würde gerne eine Brieffreundschaft mit einem Mädchen aus Ihrer Klasse anfangen. ☐

Über einen Brief aus England würde ich mich trotzdem sehr freuen. Besonders, wenn er in Deutsch ist. ☐

Mein Name ist Mia. Ich bin 9 Jahre alt und ein Mädchen. ☐

Vielleicht hat ja jemand aus Ihrer Klasse ähnliche Interessen wie ich und Lust, mir zu schreiben? ☐

Meine Hobbys sind Angeln, Reiten und Singen. ☐

Mit freundlichen Grüßen ☐

Sehr geehrte Frau Smith, ☐

b) Überprüfe den Antwortbrief mithilfe der Schreibtipps. Kreuze an:

Schreibtipp	**beachtet**	**nicht beachtet**
Links oben stehen Name und Adresse des Absenders.		
Darunter stehen Name und Anschrift des Empfängers.		
Rechts oben steht das Datum.		
Der Text des Briefes beginnt mit einer Anrede.		
Nach der Anrede steht ein Komma (,).		
Die Anredefürwörter sind groß geschrieben.		
Der Text endet mit einem Schlusssatz oder einer abschließenden Frage.		
Der Brief ist unterschrieben.		

Name: Klasse: Datum:

1 Welche Bausteine braucht **jede** Erzählung?

☐ Einleitung ☐ Datum ☐ Überschrift ☐ Unterschrift
☐ Bericht ☐ Schlussteil ☐ wörtliche Rede ☐ Hauptteil

4 P.

2 Auf was musst du bei **jeder** Erzählung achten?

☐ Personalform ☐ Anredefürwörter ☐ unterschiedliche Satzanfänge
☐ verschiedene Verben und Adjektive ☐ Absender ☐ Schlusssatz
☐ Satzzeichen ☐ märchenhafte Sprache ☐ Spannung erzeugen
☐ Einhaltung der Erzählzeit ☐ Happy End ☐ Rechtschreibung

8 P.

3 Wie bezeichnet man Texte, die Anweisungen geben, etwas erklären oder über etwas informieren?

☐ Sagen ☐ Sachkunde ☐ Sachtexte ☐ Poesie

1 P.

4 Wer hat deutsche Volksmärchen gesammelt und aufgeschrieben?

☐ Herr Duden ☐ Könige ☐ Kinder ☐ Die Brüder Grimm

1 P.

5 Zur Textsorte Vorgangsbeschreibung zählen

☐ Rezepte ☐ Nacherzählung ☐ Bauanleitung
☐ Wetterbericht ☐ Buchempfehlung ☐ Aufsatz
☐ Spielanleitung ☐ Brief

3 P.

Name: Klasse: Datum:

6 Zu welchen Textsorten gehören diese Textausschnitte?

a) Die Hexe aber war eine dunkle Gestalt und böser Natur. ______________

b) Der Mann ist etwa 27 Jahre alt, 1,80 m groß und schlank. ______________

c) Die Tiefstwerte erreichen minus 15 °C. ______________

d) Mit freundlichen Grüßen ______________

8 P.

7 Für welche Textsorte sind Anzahl der Silben und Versform wichtig?

☐ Geschichten ☐ Gedichte ☐ Lebenslauf ☐ Märchen

1 P.

8 Was ist ein Formular?

☐ Briefpapier ☐ Führerschein für Formel-1-Fahrer
☐ eine besondere Formel für Haarshampoos und Faltencreme
☐ vorgedruckte Fragen zum Ausfüllen auf einem Blatt oder Blättern

1 P.

9 Bei welchen Textsorten musst du auf höfliche Anredepronomen achten?

☐ Interview ☐ Nacherzählung ☐ Brief ☐ E-Mail

3 P.

10 Auf was musst du achten, wenn du eine Vorgangsbeschreibung schreibst?

☐ vollständige Liste aller benötigten Materialien
☐ in der Vergangenheit schreiben
☐ in der Gegenwart schreiben
☐ richtige Reihenfolge der Handlungsschritte
☐ in der Ich-, Du- oder Man-Form schreiben

4 P.

Name: Klasse: Datum:

11 Wenn du deine eigene Meinung schreibst, musst du diese auch

- [ ] für immer behalten
- [ ] sachlich begründen
- [ ] den anderen aufzwingen

1 P.

12 Die Verben *schlendern, bummeln, hinken, rennen, waten, joggen* gehören

- [ ] zum Wortfeld *gehen*
- [ ] nicht in eine Erzählung
- [ ] in jeden guten Text

1 P.

13 a) Denjenigen, der einen Brief bekommt, nennt man:

- [ ] Briefträger
- [ ] Empfänger
- [ ] Adressat
- [ ] Anredepronomen

b) Denjenigen, der einen Brief schreibt und verschickt, nennt man:

- [ ] Absender
- [ ] Postbeamter
- [ ] Federhalter
- [ ] Adressat

3 P.

14 Wenn du etwas verloren hast, das du gerne wiederhaben möchtest, schreibst du am besten

- [ ] einen Brief an deinen Lehrer
- [ ] eine Gegenstandsbeschreibung
- [ ] einen Beschwerdebrief
- [ ] eine E-Mail an eine Suchmaschine

1 P.

15 Diese Satzanfänge eignen sich gut für spannende Geschichten:

- [ ] Plötzlich
- [ ] Da
- [ ] Es war einmal
- [ ] Auf einmal

3 P.

Name: Klasse: Datum:

16 Hier sind drei Bausteine des Hauptteils zweier Geschichten durcheinandergeraten. Male die Felder so an:

Steigerungen: grün Höhepunkte: rot Ausklänge: blau.

a)

Da sah sie plötzlich in der Ferne eine Oase. Wasser plätscherte zwischen Palmen. Hoffnung erfüllte sie. Sie fühlte neue Kraft in sich und lief, rannte, sprintete auf den erlösenden See zu.

d)

Ich wollte es wenigstens versuchen. Ich wusste, dass ich gut war. Also suchte ich alle Unterlagen zusammen, packte sie in einen Umschlag und schickte sie los. Dann begann das Warten. Tagelang geschah nichts, und ich war traurig darüber, dass man mich nicht einladen würde.

b)

Sie rannte und rannte und konnte die rettende Oase nicht erreichen. Der Abstand wollte nicht kleiner werden. Dann blieb sie stehen. Die Oase war nicht mehr da. Verschwunden, wie vom Erdboden verschluckt. Alles war nur eine Fata Morgana gewesen.

e)

Ich hatte alles gegeben, mehr war nicht drin. Trotzdem war mir nicht wohl, als ich den Raum erneut betrat, um die Entscheidung der Jury zu hören.
„Tja, Susi", fing Detlef an. „Das war ziemlich gut. Willkommen im Workshop!" Ich hatte es tatsächlich geschafft!

c)

Mitten in meine Gedanken hinein klingelte das Telefon. „Susi Schulz", meldete ich mich. „Hallo, hier spricht Detlef vom Fernsehen. Ich möchte dich zum Casting einladen." Völlig geschockt stammelte ich: „Okay, ich komme!"

f)

Es wurde immer heißer. Die Sonne brannte wie Feuer auf ihrem Gesicht. Aber sie musste durchhalten, eine andere Möglichkeit gab es nicht.

	12 P.

In diesem Test habe ich ☐ Punkte von insgesamt 55 Punkten erreicht.

Das entspricht der Note ☐. (Schau in den Lösungen auf Seite 27 nach).

1 Lies dir die Erzählung mindestens zweimal durch.

Als Dracophelia die Tür öffnet, um ihr Morgenfeuer zu spucken, passiert es: Ein stürmischer Wind pustet ihr die Flamme direkt wieder aus. Wenn Dracophelia ihr Morgenfeuer nicht spucken kann, hat sie den ganzen Tag schlechte Laune. Sie fliegt los, um sich beim Wind zu beschweren.

Auch für Drachen ist es sehr anstrengend, gegen den Wind zu fliegen. Deshalb fliegt sie auf dem Rücken weiter. Dummerweise haben auch Drachen hinten keine Augen, von Rückspiegeln ganz zu schweigen. Deshalb bemerkt sie gar nicht, dass sie durch eine Wolke fliegt. Plötzlich hört sie von oben eine Stimme:

„Wärest du so freundlich, mir zu erklären, warum du so holterdiepolter durch mich hindurchfliegst?“ „Äh – wie bitte? Seit wann können Wolken sprechen?“, fragt Dracophelia ziemlich verdutzt.

„Normalerweise,“ seufzt die Wolke „habe ich ja nie Zeit für Plaudereien. Aber jetzt, wo der Wind fast wieder weg ist ...! Ich komme gar nicht mehr von der Stelle.“

„Soll ich dich ein bisschen anpusten, damit es schneller geht?“ Dracophelia pustet, was das Zeug hält. Und siehe da, es klappt wieder mit dem Feuer!

Meistens reagieren Wolken ziemlich gereizt, wenn es von unten heiß wird, während es in der Wolke noch kalt ist. In einer Gewitterwolke steigt warme Luft schnell nach oben und kühlt sich in der Wolke ab. Die kalte Luft fällt nach unten, wo sie wieder wärmer wird und deshalb wieder aufsteigt. Dann fängt es an zu blitzen.

Und weil Dracophelia ziemlich nah unter der Wolke fliegt, donnert der Blitz haarscharf an ihr vorbei. Sie bekommt einen riesigen Schreck. „Spinnst du?“

„Tut mir leid!“, antwortet die Wolke kleinlaut. „Das hätte ich vorher wissen müssen, dass du Feuer spucken kannst!“

„Und wie ich das kann! Nur eben ging es nicht, als es so stürmisch war. Deshalb suche ich den Wind! Ich will mich bei ihm beschweren. Du kannst mir doch sicher sagen, wo ich den Wind finde?“, fragt Dracophelia.

„Du merkst doch, dass er gar nicht mehr da ist. Er hatte es sehr eilig, weil er zu einem gewissen Herrn Beaufort wollte, um über seine Stärken zu reden!“ „Wie bitte?“, staunt Dracophelia.

„Naja, der Wind hat sich überlegt, es wäre doch nett, wenn all die verschiedenen Winde, die er so machen kann, eine Nummer bekämen.“, erzählt die Wolke. „Dann könnte er seine Windstärken sortieren. Weißt du, er hat es gern, wenn alles seine Ordnung hat. Herr Beaufort erfand deshalb eine Skala, in der man alles von windstill bis Orkan finden kann.“

„Wenn der Wind zum Beispiel den Menschen fast die Hüte vom Kopf pustet und sie die Hüte festhalten müssen, damit sie nicht wegfliegen, herrscht Stärke sieben!“, fährt die Wolke fort. Dracophelia findet es super, wenn jemand so viel kann wie der Wind. „Ich kann nur Feuer spucken und fliegen“, sagt sie, und ihre Stimme klingt dabei sehr traurig.

„Ach, mach dir nichts draus. Soll ich dir zeigen, wie man Schnee macht?“, versucht die Wolke sie zu trösten. „Oder willst du lieber Hagel, Nebel, einen feinen Graupelschauer? Ein Regenbogen wäre auch nicht schlecht, der macht gute Laune!“, überlegt die Wolke. „Pass auf: Ich sorge jetzt für einen schönen Regenbogen, und du bist nicht mehr traurig, ja?“, verspricht die Wolke und pfeift schrill, damit die anderen Wolken es weiter hinten regnen lassen. Die Sonne scheint jetzt gegen den Regen: Ein wunderschöner Regenbogen erscheint. Dracophelia hat sofort wieder gute Laune. „Das ist der schönste Regenbogen, den ich jemals gesehen habe! Und er hat alle sieben Farben: lila, dunkelblau, hellblau, grün, gelb, orange und rot! Kannst du noch mehr?“, fragt sie.

„Klar! Ich kann mich dick oder dünn machen, hell oder dunkel, groß oder klein. Alles, was ich brauche, sind Wasser, Luft und Temperatur. Damit mache ich fast jedes Wetter!“

Dracophelia findet Wolken toll, weil sie so viel können. „Außerdem kann ich noch deine Flamme löschen. Ich muss es nur ordentlich regnen lassen!“ „Das will ich sehen!“ Dracophelia spuckt, was das Zeug hält, eine riesige Flamme.

Dabei übersieht sie leider eine kleine Amsel, die damit beschäftigt ist, auf der Wiese unter Dracophelias Flügeln hin und her zu hüpfen. „Kannst du nicht aufpassen?“, schimpft sie wie ein Rohrspatz. „Verzeihung, ich habe dich übersehen. Habe ich dich etwa angesengt?“, entschuldigt sich Dracophelia. „Nein, nein, es ist nichts passiert. Ich habe mich nur erschreckt!“, singt die Amsel und hüpft schon wieder munter auf und ab. „Übst du für Olympia, oder warum hüpfst du ständig hin und her?“, fragt Dracophelia frech. „Du bist mir vielleicht ein komischer Vogel! Ich hüpfe, damit die Regenwürmer denken, es regnet. Für die hört sich das nämlich in ihren Löchern so an. Also kriegen sie es mit der Angst zu tun, weil bei Regen ja ihre Gänge volllaufen. Wenn sie dann raus kommen, packe ich sie mir. Irgendwas muss man ja schließlich essen! Die Amsel lebt nicht von Beeren allein!“, sagt der Vogel. Das sieht Dracophelia ein, aber die Regenwürmer tun ihr leid. Sie mag nicht zusehen, wie die Amsel weiter hüpft und beschließt, sich wieder um die Wolke zu kümmern.

„Sag mal, wo nimmst du eigentlich das ganze Wasser für deinen Regen her?“, fragt Dracophelia die Wolke.

„Wenn die Sonne scheint, verdunstet Wasser, und das steigt dann als Dampf in Minitröpfchen in die Atmosphäre. So nennt man die Luftschicht zwischen Erde und Weltraum. Da es oben kälter ist als unten auf der Erde, kühlt die Luft ab, der Wasserdampf kondensiert. So nennt man das, wenn aus Wasserdampf eine Wolke wird. Warme Luft steigt also zuerst auf, das Wasser darin verdunstet. Die Luft kühlt weiter oben ab und sinkt wieder, bevor sie nochmals wärmer wird und aufsteigt. Dadurch kondensiert immer mehr Wasserdampf. Ich werde immer größer und dicker. Irgendwann bin ich so schwer, dass ich das gesammelte Wasser wieder fallen lasse. Je nachdem, wie warm es unten auf der Erde ist, gibt es dann Nebel, Regen, Graupel, Hagel oder Schnee. Alles klar?“, fasst die Wolke zusammen.

2 Beantworte die Fragen mithilfe des Textes.

a) Wer oder was ist Dracophelia?

☐ eine Wolke ☐ ein Vogel ☐ ein Drache ☐ ein Junge

b) Wie viele Farben hat ein Regenbogen? ☐ 5 ☐ 6 ☐ 7 ☐ 8

c) Wann hat Dracophelia den ganzen Tag schlechte Laune?

____

____

d) Beschreibe, was in einer Gewitterwolke passiert:

____

____

____

e) Wie nennt man es, wenn aus Wasserdampf eine Wolke wird?

____

f) Erkläre, warum Amseln auf Wiesen hüpfen.

____

____

____

g) Wer oder was war Beaufort?

____

____

3 Welche Bilder passen zu diesem Text? Kreuze an.

☐ 
1

☐ 
2

☐ 
3

☐ 
4

☐ 
5

Realschul-Check

4 a) Wähle eine **Überschrift** für den Text aus, die zur Dracophelia-Geschichte passt, und Lust weckt, sie zu lesen.

- ☐ Über die Entstehung von Wolken
- ☐ Wie Herr Beaufort zu seinem Namen kam
- ☐ Drachenstarke Geschichte über das Wetter
- ☐ Das Wetter

b) Der Geschichte fehlt auch ein **Schlusssatz**. Welcher würde passen?

- ☐ Dracophelia ist enttäuscht und fliegt traurig nach Hause zurück.
- ☐ Jetzt hat Dracophelia so viel über das Wetter gelernt, dass sie sich erst einmal lange in die Sonne legt. Dabei träumt sie davon, wie sie ihr nächstes Abenteuer besteht.
- ☐ Plötzlich beginnt es zu regnen, und die Wolke löst sich auf. Dracophelia ruft: „Wo willst du hin?“

1 Hier liest du von komischen Tischen, die es nur im Wörterbuch gibt. Finde heraus,

a) warum der Tischler darüber nachdenkt, schwedischer Innenarchitekt zu werden,

b) was die Frau von dem Tischler will.

Markiere die Stellen, an denen du diese Informationen bekommst.

Es war einmal vor kurzer Zeit ein Tischler, dem war es langweilig geworden, normale Tische zu bauen. Er überlegte gerade, ob er vielleicht lieber schwedischer Innenarchitekt werden solle. Denn schwedische Innenarchitekten hatten bekanntlich ja viel mehr Gestaltungsmöglichkeiten als jemand, der sich auf Tische spezialisierte. Während er also dasaß und nachdachte, betrat eine junge Frau seine Werkstatt und sprach:
„Lieber Tischler, wenn du mir einen Tisch nur für mich ganz persönlich machst ... einen Tisch, den die Welt noch nicht gesehen hat. Ich brauche ihn dringend für meine neue Zwei-Zimmer-Wohnung, denn mein alter Tisch ist hin. Übrigens, ich heiße Asia."
Da staunte der Tischler, sagte aber: „Ja, das mache ich!", zog sich in sein einsames Kämmerchen zurück und überlegte lange. Als er genug nachgedacht hatte, fing er an zu hobeln und zu sägen, dass einem Sehen und Hören verging. Diesen Tisch fertigte er an:

Dann erzählte Asia ihren Freunden Juri und Roman von ihrem tollen Möbelstück. Diese suchten alsbald auch den Tischler auf, und alle wollten ein ganz persönliches Stück.

2 Welcher Tisch ist für Roman, welcher für Juri?

Dieser Tisch ist für ____________.

Dieser Tisch ist für ____________.

3 Mittlerweile ist der Tischler tatsächlich schwedischer Innenarchitekt geworden, weil er so gute Ideen hat. Ordne diese Adjektive den richtigen Tischen zu: mathematisch, automatisch, alphabetisch, quadratisch.

a) ______________________

b) ______________________

c) ______________________

d) ______________________

Realschul-Check

4 Kreuze an, aus welchen Adjektiven der Tischler sonst noch gebaut haben könnte:

☐ fantastisch	☐ kritisch	☐ schreibtisch	☐ idiotisch
☐ vermutlich	☐ holländisch	☐ majestätisch	☐ hektisch
☐ realistisch	☐ egoistisch	☐ flüchtig	☐ kameradschaftlich
☐ nachtisch	☐ gigantisch	☐ demokratisch	☐ akustisch

1 Kannst du diesen Text lesen?

Man sollte sich beim Lesen von komischen Texten nicht unbedingt auf seine Augen verlassen, denn die können einen manchmal ganz schön täuschen. Die beste Methode, ein guter Leser zu werden, ist immer noch diese: üben, üben, üben, und wenn man damit fertig ist, weiter üben.

Schreibe die untere Hälfte der Buchstaben in den Text.

2 Diesem Dichter sind die Wortgrenzen verrutscht. Kannst du den Text entziffern? Schreibe das Gedicht so ab, dass die Wortgrenzen wieder stimmen. Benutze dazu die Linien hinter dem Text.

De rAal ______
Esa alt esiche in Aalind erS onne ______
mitWo nne. ______
Erl agdas oun ddachte, ______
wi eschöness ei, ______
wen ndi eSon nela chte. ______
Wahr lichsch önwar esw ohl. ______
Do chlei dern ich tsol an ge. ______
Bal dka mein Wich tund ______
mac hteihmBa nge. ______
De rWi chtna hm'neAn gel ______
un dnah mde nAali ndi eMangel. ______
Dawa r'saus mitde rWon ne ______
in derS onne. ______

3 Kannst du diesen Text ohne Spiegel oder Kopfstand lesen?
Versuche es einmal, ohne das Blatt zu drehen!

Dieser Text ist eigentlich eine Zumutung für das Auge! Hast du schon einmal versucht, so zu schreiben? Ich meine, nicht nur in Spiegelschrift, sondern auch noch auf dem Kopf? Besonders schwierig ist das bei Buchstaben wie b, p, d und q. Da kommt man völlig durcheinander und weiß bald nicht mehr, wo vorne, hinten, oben oder unten ist, oder?

Realschul-Check

4 Versuche, diesen verdrehten Text zu entziffern!

Wesstust du einegtilch, dass man druch enie engischle Stidue hauresgufenden hat, dass gtue Lseer meholüs Wertör lseen kennön, owbohl die Reheinfloge der Bachstuben vaurtescht werdon ist? Kimosch, oedr? Debai ist aebr sher wchitig, dsas der estre und ltezte Bchastube an der rechtigin Stlele stheen, snost fienktiunort es nchit. Auderßem sllote man ein wrilkich getur Lseer sein. Aebr du wßeit ja: Ünubg mchat den Mesteir! Am eifnachestn ist es, wnen debai afngnas nur die Vakole gautescht wreden. Vursechs mal! Spetär knanst du dnan auch die inrenen Bstachuebn virmeschen. Tsete doch mal denie Eterln, die kennön das veilliecht auch!

a) Worum geht es in dem Text?

- [ ] Die Eltern sollen den Text lesen.
- [ ] Es geht um eine Lesemethode aus England.
- [ ] Es geht um die Ergebnisse einer englischen Studie.
- [ ] Die Schulkinder in England tragen Uniformen.

b) Unterstreiche im Text alle Wörter, bei denen nur die Vokale, Umlaute und Doppellaute getauscht wurden.

Es sind insgesamt ______ Wörter.

Einfache Informationen entnehmen: Brief

1 Lies dir den Brief genau durch.

Lieber Aaron,
wenn du mich nächsten Montag besuchen kommst, bin ich wahrscheinlich noch unterwegs. Ich habe um 15.00 Uhr einen Arzttermin, und es könnte ein bisschen später werden, spätestens um halb 4 bin ich aber da. Klingle einfach bei Frau Lämmle, die hat meinen Schlüssel und lässt dich rein. Es wäre gut, wenn du nach der Schule beim Supermarkt vorbeigehst, dann brauche ich die schweren Sachen nicht zu tragen. Ich lege dir für den Einkauf 15 € in den Umschlag. Das Restgeld darfst du behalten.
Kaufe bitte ein: 1 Brot, 6 Bananen, 1 kg Kartoffeln, 1 Packung Kräuterquark, Kakaopulver und 1 Liter Milch.
Ahnst du schon, was ich uns kochen will?
Stell die Einkäufe auf den Küchentisch. Da liegt auch noch eine Überraschung für meinen Lieblingsenkel. Sieh mal nach!
Bis Montag, ich freue mich auf dich! Bussi.

Deine Omimi
P.S. Wenn du Lust hast, kannst du auch mit Frau Lämmle Karten spielen, bis ich komme. Du weißt ja, sie pokert so gerne. Außerdem hat sie niemanden.

2 Beantworte die Fragen zum Brief.

a) Wann soll Aaron einkaufen gehen?

____

b) Auf dem Küchentisch liegt etwas. Was ist es und für wen?

____

c) Was stimmt? Kreuze an:

☺ = stimmt ☹ = stimmt nicht

Die Oma kommt am Abend zurück.	☺	☹
Die Oma kommt am Nachmittag zurück.	☺	☹
Die Oma spielt immer Karten mit Frau Lämmle.	☺	☹
Aaron ist Omas Lieblingsenkel.	☺	☹

3 Welche dieser Rechnungen ist die von Aarons Einkäufen?
Kreuze an, und begründe deine Wahl.

☐ **A**

Brot	1,08 €
1 kg Kartoffeln	1,99 €
1 Kräuterquark	0,89 €
5 Bananen	1,09 €
Kakaopulver	0,79 €
1 l Milch	0,59 €
	6,43 €

☐ **B**

Brot	1,08 €
2 kg Kartoffeln	3,98 €
1 Kräuterquark	0,89 €
6 Bananen	1,19 €
Kakaopulver	0,79 €
1 l Milch	0,59 €
	8,52 €

☐ **C**

Brot	1,08 €
1 kg Kartoffeln	1,99 €
1 Kräuterquark	0,89 €
6 Bananen	1,19 €
Kakaopulver	0,79 €
1 l Milch	0,59 €
	6,53 €

☐ **D**

Brot	1,08 €
1 kg Kartoffeln	1,99 €
1 Kräuterquark	0,89 €
6 Bananen	1,19 €
Kaffee	4,79 €
1 l Milch	0,59 €
	10,53 €

Rechnung ___ ist die richtige, weil ______________________________

____

4 Aarons Oma schickt den Enkel einkaufen, damit sie alle Zutaten für sein Lieblingsgericht im Haus hat. Welches ist Aarons Lieblingsessen? Kreuze an.

☐ Kartoffel-Schinken-Auflauf
☐ Spaghetti Bolognese
☐ Bananenkuchen
☐ Pellkartoffeln mit Quark

Wie kommst du darauf? Begründe:

Aaron isst am liebsten ______________________________, denn

____

____

____

5 Die Oma schreibt am Ende des Briefes über Frau Lämmle.
Überlege, wie Frau Lämmle sich fühlt, und schreibe mindestens zwei Adjektive auf:

____

Das ist wichtig:

Sachtexte enthalten, im Gegensatz zu Erzählungen, ausschließlich **wahre Informationen**. Manchmal ist es schwierig, alles zu verstehen, weil häufig Fachbegriffe benutzt werden. Deshalb ist es wichtig, Begriffe, die du nicht kennst oder verstehst, zu unterstreichen, und diese im Lexikon nachzuschlagen.

1 Lies dir den Text gut durch. Unterstreiche beim zweiten Lesen alle Wörter, die du nicht kennst oder verstehst, und schlage sie im Lexikon nach.

Kolumbus' Irrtum

Als Christoph Kolumbus 1492 Amerika entdeckte, ahnte er nicht, dass er einen neuen Kontinent entdeckt hatte. Damals ging man davon aus, dass es nur einen großen Kontinent gäbe und die *Erde eine Scheibe* sei. Die Menschen dachten, wenn sie zu weit westlich segelten, würden sie von der Erdscheibe hinunterfallen. Deshalb fuhren die Seeleute mit dem Schiff südöstlich um Afrika herum, um nach Indien oder China zu kommen. Die Reise nach Asien war gefährlich und weit, aber es gab viele wertvolle Waren, wie Seide und seltene Gewürze, die man dort billig einkaufte, um sie in Europa erheblich teurer zu verkaufen.

Kolumbus hatte viel gelesen und glaubte an die Theorien, die Erde sei eine Kugel. Schon zwanzig Jahre vor seiner Entdeckung versuchte er, die Menschen davon zu überzeugen, dass man sehr wohl mit dem Schiff westlich fahren könne, und zwar so weit, bis man wieder auf Land stoßen würde. Und er war fest davon überzeugt, dass man auch auf diesem Weg Indien erreichen könnte. Er ging sogar so weit zu behaupten, der Weg sei kürzer, wenn man statt um Afrika einfach nur gen Westen segeln würde.

Erst im Jahr 1492 konnte er das spanische Königspaar überzeugen, ihm drei Schiffe und etwa 90 Mann Besatzung zu bezahlen, damit diese ihn auf seiner Entdeckungsreise begleiten sollten. Sollte Kolumbus bei seiner Reise neue Länder entdecken, hätten diese nach damaligem Recht ab sofort unter spanischer Herrschaft gestanden. Das Königspaar hoffte, durch Kolumbus an Macht und Reichtum zu gewinnen. Er schloss mit dem Königshaus einen Vertrag darüber ab, dass er „Vizekönig" der entdeckten Länder werden sollte und 1 von 10 Teilen von allen Schätzen oder Einnahmen behalten durfte, der Rest sollte dem Königspaar gehören. Am 3. August 1492 legten *die Karacke* Santa Maria und *zwei Karavellen*, Pinta und Niña, im heutigen Andalusien ab, und die Expedition konnte beginnen.

Die Reise nach „Indien" dauerte viel länger, als Kolumbus geplant hatte. Nach acht Wochen bemerkten die Seeleute, dass die Seekarten, nach denen sie segelten, gar nicht stimmten. Einige wollten sogar die Reise abbrechen und wieder zurücksegeln, weil sie ihren Glauben an Kolumbus verloren hatten. Die Reise dauerte ihnen zu lange, die Vorräte gingen zur Neige, und so fingen die Seeleute an, Kolumbus' waghalsige Theorie anzuzweifeln. Kolumbus aber dachte gar nicht daran, umzukehren, so sicher war er sich. Vermutlich hielt die Besatzung nur deshalb durch, weil es Kolumbus mit seinem „Lügenbuch" gelang, sie zu beruhigen. Er hatte nämlich weniger Seemeilen aufgeschrieben, als tatsächlich gesegelt worden waren.

Am 12. Oktober 1492 war es dann endlich so weit: Eine Insel lag vor ihnen. Kolumbus war sich ganz sicher: Dies musste eine *unentdeckte Insel vor dem Festland Indiens* sein! Für alle war dies der Beweis dafür, dass die Erde eine Kugel und keine Scheibe war. Tatsächlich landeten die Männer aber in der Karibik und nicht in Indien. Kolumbus nannte die Insel „La Isla Española", das heißt übersetzt: die spanische Insel. Heute heißt sie „Hispaniola".

Als die Männer an Land gingen, trafen sie dort auf Eingeborene. Und da man dachte, es handelte sich bei dem Land um Indien, nannte Kolumbus die Ureinwohner Indianer („Arawak") . Diese empfingen neugierig und freundlich die ankommenden Männer, versorgten sie mit Essen und Trinken und einigen Geschenken. Damals ahnten die „Indianer" noch nicht, welch schlimme Folgen Kolumbus' Entdeckung für sie haben würde.

Bis zu seinem Tod 1506 war beinahe jeder davon überzeugt, dass Kolumbus einen neuen Seeweg nach Indien gefunden hatte. Er selbst erfuhr von der Aufdeckung seines Irrtums nicht mehr, obwohl es dem *Seefahrer Amerigo Vespucci im Jahre 1499* gelang, durch eigene Forschungen nachzuweisen, dass es sich bei Kolumbus' Entdeckung nicht um Indien gehandelt hatte, sondern um die Entdeckung eines ganzen Kontinents, von dem man bisher nichts geahnt hatte. Ins Lateinische übersetzt heißt Amerigo „Americus". Da alle Kontinente, die man damals kannte, auf *-a* endeten (Europa, Asia, Afrika), benannte man den neuen Erdteil zwar nach „Americus", glich den Namen aber an, indem man auch diesen mit *-a* enden ließ. So wurde aus „Americus" „America".

2 Beantworte diese Fragen mithilfe der schräg gedruckten Texte.

a) An welchem Tag entdeckte Kolumbus Amerika? ______________________

b) In welchem Land glaubte er zu sein? ______________________

c) Wer stellte fest, dass es sich um die Entdeckung eines neuen Kontinents handelte?
Schreibe dazu, in welchem Jahr dies geschah. ______________________

____

d) An welche Textstelle würdest du dieses Bild kleben? Kreuze an.

☐ neben die Einleitung ☐ neben den Hauptteil ☐ neben den Schlussteil

e) Neben welche Textzeilen würdest du diese Bilder kleben? Kreuze an.

☐ 3 bis 6 ☐ 16 bis 25 ☐ 30 bis 35 ☐ 40 bis 46

3 In seinem Tagebuch soll Kolumbus diesen Text geschrieben haben:

„ ... unschuldig und von einer solchen Freigiebigkeit mit dem, was sie haben, dass niemand es glauben würde, der es nicht mit eigenen Augen gesehen hat. Was immer man von ihnen erbittet, sie sagen nie nein, sondern fordern einen ausdrücklich auf, es anzunehmen und zeigen dabei so viel Liebenswürdigkeit, als würden sie einem ihr Herz schenken ...“

Wen beschreibt Kolumbus hier? Kreuze an:

☐ das spanische Königspaar ☐ Amerigo Vespucci ☐ die „Arawak“

Realschul-Check

4 Nicht alle Menschen waren von den Entdeckungsreisen des Kolumbus begeistert. Einige kritisierten ihn so scharf, dass ihm sein Amt als „Vizekönig“ aberkannt wurde, er gefesselt nach Spanien gebracht wurde und ihm 1502 der Zugang zu Haiti verweigert wurde. Überlege, welche Gründe es dafür gegeben haben könnte. Kreuze an.

☐ Die Spanier glaubten ihm nicht und behaupteten, Kolumbus sei ein Lügner.

☐ Die Einheimischen wollten die spanische Regierung nicht anerkennen und wehrten sich.

☐ Einige hielten Kolumbus für gierig und grausam und warfen ihm vor, seine Reisen dienten ihm lediglich dazu, wohlhabend und mächtig zu werden.

☐ Man warf ihm vor, zu nett zu den Eingeborenen zu sein.

Das ist wichtig:

- Gehe beim Lesen von Sachtexten schrittweise vor, damit du das Gelesene gut verstehst!
- Verschaffe dir einen ersten Überblick über das Thema: Lies zuerst die Überschrift, **Fettgedrucktes**, <u>Unterstrichenes</u> oder *Schräggedrucktes*.
- Lies den Text jetzt genau. Gönne dir dabei Pausen und frage dich, ob du alles verstanden hast.
- Unterstreiche wichtige Textstellen, und versuche, diese in eigenen Worten aufzuschreiben.

1 Lies den Text genau, und beachte dabei die Regeln für das Lesen von Sachtexten.

Amerika – Das Land der Wilden

Seit etwa **30 000 Jahren** leben Menschen in Amerika. Man vermutet, dass sie aus Asien nach Amerika gewandert sind, als die Kontinente noch nicht durch das Meer getrennt waren. Ein Anhaltspunkt für diese Annahme ist ihr Aussehen: Die Ureinwohner Amerikas hatten eine mittelbraune Hautfarbe und asiatisch anmutende Gesichtszüge.

Seit jeher bemalten sich die Indianer mit Farben, die sie aus Erde, Sand, Pflanzen und Blut herstellten. Wenn sie in den Kampf zogen, wählten sie die Farbe Rot. Aufgrund der roten Kriegsbemalung gaben ihnen die Siedler im 16. Jahrhundert den Namen „**Rothaut**“.

Indianer lebten in Zelten, die sie „**Tipi**“ nannten. Der Stamm der Sioux benutzte dieses Wort, übersetzt heißt „Ti“ „Wohnung“ und „Pi“ „verwendet als“. Auf langen Holzstöcken, die kegelförmig aufgestellt wurden, befestigten sie eine Plane aus **Bisonleder**, um sich vor Wind und Regen oder Schnee zu schützen. Die Tipis waren so groß, dass eine ganze Familie darin Platz fand. Im Winter konnte man sogar ein Lagerfeuer darin brennen lassen. Die Zelte hatten den Vorteil, dass sie zügig auf- und abgebaut werden konnten. Das war wichtig, weil die Indianer **Bisons** jagten, um deren Fleisch zu essen, und die Felle als Decken zu benutzen. Aus dem Leder fertigten die Frauen Kleidung und Planen für die Zelte, aus der Haut wurde die Bespannung für Trommeln gemacht. Die Bisonherden zogen, immer auf der Suche nach neuen Futterstellen, durchs Land. Die Indianer waren also gezwungen, den Herden hinterherzuziehen.

In den Indianerstämmen waren alle Aufgaben klar verteilt: Die Frauen waren zuständig fürs Nähen, Kochen und die Kindererziehung. Die Männer gingen zur Jagd und zogen in den Kampf, um das **Überleben** des Stammes zu sichern. Ein Indianerjunge lernte bereits im Alter von sechs Jahren den sicheren Umgang mit Pfeil und Bogen. Die Kinder wuchsen in sehr strengen Verhältnissen auf. Die Jungen wurden geschlagen, damit sie Disziplin und Respekt lernen sollten. Die Beherrschung der **Stammessprache** war ebenfalls wichtig. Täglicher Sprachunterricht sollte dafür sorgen, dass die Sprache perfekt beherrscht wurde. Wer einen Sprachfehler hatte oder Schwierigkeiten zu sprechen, durfte als Erwachsener nicht sprechen, damit die Kinder nichts Falsches lernen sollten.

In jedem Stamm wählten die stammesältesten Männer einen **Häuptling**. Der musste freundlich, gerecht, mutig und stark sein. Wichtige Entscheidungen durfte dieser aber **nur in Absprache mit den stammesältesten Männern** treffen. Außerdem gab es einen **Medizinmann**, manchmal auch Medizinfrauen, die dafür verantwortlich waren, Kranke zu heilen und für Regen zu sorgen. Sie mussten sich besonders gut mit Pflanzen auskennen, die Heilkräfte besaßen.
So überlebten die Ureinwohner Amerikas schätzungsweise 30 000 Jahre, bis die ersten Siedler den neu entdeckten Kontinent bezogen.
Nachdem Kolumbus 1492 die „neue Welt" entdeckt hatte, nahm das Schicksal der Indianer seinen Lauf. Die spanische Regierung sorgte dafür, dass die Ureinwohner als Sklaven behandelt wurden. Wer sich weigerte, der spanischen Regierung zu dienen, wurde getötet. Als im 17. Jahrhundert in Europa **Arbeitslosigkeit** und **Armut** herrschten und sich herumsprach, dass in Amerika genug Platz und Land für alle vorhanden sei, machten sich im Jahre **1607 die ersten englischen Siedler** auf den Weg, um in der „neuen Welt" ein besseres Leben führen zu können. Es entstand die erste Siedlung, die Engländer nannten sie **„Jamestown"**. Die Indianer empfingen die ersten Siedler freundlich. Sie schenkten ihnen Felle und Fleisch, damit die Engländer den ersten Winter in Jamestown überleben konnten. Die hatten nämlich nicht damit gerechnet, dass die Winter in Amerika so streng sein würden. Ohne die großzügigen Geschenke der Indianer hätten sie den ersten Winter wahrscheinlich nicht überlebt. Daraufhin begann ein reger Tausch: Die Indianer brachten Felle und Fleisch und bekamen dafür Töpfe und andere nützliche Dinge.
Bis zum **19. Jahrhundert** kamen immer mehr **Siedler aus Europa** nach Amerika. Sie bekämpften und vertrieben die Indianer aus ihrem Land und **rotteten** die Bisonherden nahezu **aus**. Wer nicht freiwillig Platz machte, wurde erschossen.
Als einige Siedler auf **Goldminen** stießen, bauten sie Städte, die sie wieder verließen, wenn die Minen erschöpft waren. Noch heute findet man in ursprünglich indianischen Gebieten so genannte **„Geisterstädte"**, in denen einst Goldgräber wohnten, und die seit damals leer stehen und verfallen. Immer weiter zogen die Siedler durchs Land, immer mehr Platz nahmen sie ein, immer weniger Platz blieb für die Indianer.
300 Jahre nach der ersten Besiedlung waren die meisten Stämme besiegt. Die Indianer, die überlebt hatten, wurden in karge Gebiete mit unfruchtbarem Boden geschickt, wodurch sie gezwungen waren, in Armut und Abhängigkeit zu leben. Noch heute findet man in Amerika die so genannten **„Reservate"**, ärmlich gebaute Siedlungen, in denen die Indianer leben.

2 Beantworte mithilfe der fett gedruckten Wörter diese Fragen (Stichworte genügen):

a) Seit wann leben Indianer in Amerika? ______________________

b) Wie nannte man sie, weil ihre Kriegsbemalung rot war? ______________________

c) Aus welchem Material bestand die Außenwand der Tipis? ______________________

d) Warum jagten Indianer Bisons? ______________________

____

e) Wer traf bei den Indianern wichtige Entscheidungen? ______________________

____

f) Wer übernahm die Aufgaben des Arztes in einem Indianerstamm?

____

g) In welchem Jahr entstand die erste europäische Siedlung in Amerika? __________

h) Aus welchem Land kamen die ersten Siedler? ____________________

i) Was herrschte damals in Europa? ____________________

____

j) Was ist eine „Geisterstadt“? ____________________

____

k) Was ist ein „Reservat“? ____________________

____

3 Kolumbus' Entdeckung 1492 hatte für Europa viele Vorteile. Für die Indianer hatte sie allerdings viele Nachteile.
Schreibe die Argumente in die passende Tabellenspalte.

- Die Menschen erfuhren, dass die Erde eine Kugel ist. Sie konnten jetzt ohne Angst weiter die Welt erkunden.
- Die Indianer verloren ihr Land.
- Die Siedler fanden Gold, das machte sie reich.
- Die Europäer rotteten die Bisonherden aus, von denen die Indianer lebten.

Vorteile für die Europäer	Nachteile für die Indianer

Das ist wichtig:

In einem **Bericht** liest du **sachliche Informationen** über etwas, das geschehen ist. Um Antworten auf die wichtigsten Fragen zu finden, kannst du beim zweiten Durchlesen wichtige Textstellen unterstreichen oder mit einem Leuchtstift übermalen.
Versuche, diese **W-Fragen** zu beantworten:

1. **Wann** ist etwas passiert?
2. **Wo** ist es passiert?
3. **Wer** ist verletzt?
4. **Welche** Verletzung liegt vor?
5. **Wer** war dabei?
6. **Wie** ist es passiert?

1 Lies dir diesen Zeitungsbericht genau durch. Markiere die Stellen, an denen du Antworten auf die W-Fragen im Regelkasten findest.

Lockere Schraube verursacht Gipsbein

Oberursel ■ Am Mittwoch früh gegen 9.00 Uhr ereignete sich in der Turnhalle des Schulstadions ein tragischer Unfall. Eine Stange eines Stufenbarrens löste sich, während die 14-jährige Kati L. darauf trainierte. Wahrscheinlich war eine Schraube am Barren nicht richtig festgezogen, weshalb das Mädchen stürzte und auf die heruntergefallene Stange am Boden fiel. Der Trainer leistete unverzüglich Erste Hilfe, das Mädchen war bewusstlos und musste wiederbelebt werden. Dank des Trainereinsatzes war Kati L. bereits wieder bei Bewusstsein, als der von Anja M. verständigte Notarzt eintraf. Dieser fuhr mit Kati L. sofort ins örtliche Krankenhaus. Hier wurde ein doppelter Schienbeinbruch festgestellt, der sofort operiert wurde. „Mit dem Kunsturnen ist wohl erst einmal Schluss“, bedauerte Kati L., die vorerst Gipsbein statt Turnhose trägt.

2 Beantworte diese Fragen zum Text in ganzen Sätzen.

a) Wann ist der Vorfall passiert?

____

b) Wo ist der Unfall geschehen?

____

c) Wer war bei dem Unfall dabei?

____

d) Wie ist es passiert? Was ist geschehen?

____

____

____

e) Welche Folgen hatte der Unfall?

____

____

3 Schreibe die Schlagzeile der Zeitungsmeldung hier ab:

____

Realschul-Check

4 Wie hätte deiner Meinung nach der Unfall vermieden werden können?

____

____

____

Das ist wichtig:

Fahrpläne zu lesen ist gar nicht so einfach und braucht Übung. Meistens werden Busfahrpläne als **Tabellen** dargestellt. Du findest also Informationen in **Spalten** und **Zeilen**. Frage dich zuerst, welche Information du eigentlich brauchst:
- Welche Buslinie fährt an den Ort, an den ich möchte?
- Um welche Zeit möchte ich ungefähr ankommen? Wann muss ich dann losfahren?
- Welche Art von Fahrkarte muss ich kaufen? Gelten bestimmte Preisstufen?

Schreibe dir die gesuchten Informationen auf einen Notizzettel.

1 Aaron ist 10 Jahre alt. Ab nächster Woche soll er mit dem Bus zur Schule fahren. Er wohnt in **Salzgitter-Bad** (SZ-Bad) nahe der Haltestelle **Porschestraße**. Um zu seiner Schule zu kommen, muss er am **Rathaus** in **Salzgitter-Lebenstedt** (SZ-Leb.) aussteigen. Von da aus geht er noch **10 Minuten zu Fuß**. Die erste Stunde in der **Schule beginnt um 8.00 Uhr**.

Bus **610**

EXPRESS-LINIE: SZ-Bad – SZ-Lebenstedt

Montag – Freitag

Fahrt	2	4	6	8	10	12	14	16	18	20	22	24	26
SZ-Bad, Rheinstraße	5.36	6.36	7.06	7.36	8.36	9.36	10.36	11.36	12.36	13.36	14.36	15.36	16.36
SZ-Bad, Porschestraße	5.37	6.37	7.07	7.37	8.37	9.37	10.37	11.37	12.37	13.37	14.37	15.37	16.37
SZ-Bad, Feuerwache	5.39	6.39	7.09	7.39	8.39	9.39	10.39	11.39	12.39	13.39	14.39	15.39	16.39
SZ-Gebh., Nord-Süd-Str.	5.44	6.44	7.14	7.44	8.44	9.44	10.44	11.44	12.44	13.44	14.44	15.44	16.44
SZ-Hallend., Ehem. Berufsschule	5.48	6.48	7.18	7.48	8.48	9.48	10.48	11.48	12.48	13.48	14.48	15.48	16.48
SZ-Leb., An der Feuerwache	5.52	6.52	7.22	7.52	8.52	9.52	10.52	11.52	12.52	13.52	14.52	15.52	16.52
SZ-Leb., Bahnhof	5.54	6.54	7.24	7.54	8.54	9.54	10.54	11.54	12.54	13.54	14.54	15.54	16.54
SZ-Leb., Rathaus	5.55	6.55	7.25	7.55	8.55	9.55	10.55	11.55	12.55	13.55	14.55	15.55	16.55
SZ-Leb., Krankenhaus	5.57	6.57	7.27	7.57	8.57	9.57	10.57	11.57	12.57	13.57	14.57	15.57	16.57
SZ-Leb., Hallenbad an	5.59	6.59	7.29	7.59	8.59	9.59	10.59	11.59	12.59	13.59	14.59	15.59	16.59

a) Sieh auf dem Fahrplan nach: Um wie viel Uhr muss Aaron den Bus nehmen, damit er um 8.00 Uhr in der Schule ist? Er muss den Bus um ______________ nehmen.

b) Mittwochs geht Aaron zur Freiwilligen Feuerwehr in Lebenstedt. Die Haltestelle dort heißt „An der Feuerwache". Um 15.00 Uhr muss er da sein.
Wann kommt der Bus dort an? ______________________________

c) Freitags geht Aaron im Hallenbad schwimmen. Er trainiert ab 17.15 Uhr.
Um wie viel Uhr muss er den Bus nehmen? ______________________________

2 Aaron kauft sich eine Wochenkarte. Wie teuer ist diese?

☐ 10,70 € ☐ 35,60 € ☐ 18,00 € ☐ 24,80 €

Realschul-Check

3 Am Wochenende fahren Aarons Eltern mit seinem siebenjährigen Bruder nach Lehre.
Wie hoch ist der günstigste Fahrpreis?

	Preisstufe (in €)			
Sortiment	PS1	PS2	PS3	PS4
Einzelfahrscheine	90 Min.	90 Min.	120 Min.	150 Min.
Erwachsene	1,90	2,65	4,00	6,30
Kinder (6–11 Jahre)	0,95	1,30	2,00	3,15
Mehrfahrtenkarten	90 Min.	90 Min.	120 Min.	150 Min.
4er-Karte	6,60	9,00	13,60	21,00
Tageskarte				
1 Person	4,20	5,80	8,60	13,10
Monatskarten				
Erwachsene	47,50	57,10	78,00	106,00
Schüler	35,60	42,80	58,50	79,50
Wochenkarten				
Schüler	10,70	12,90	18,00	24,80

Rechne hier:

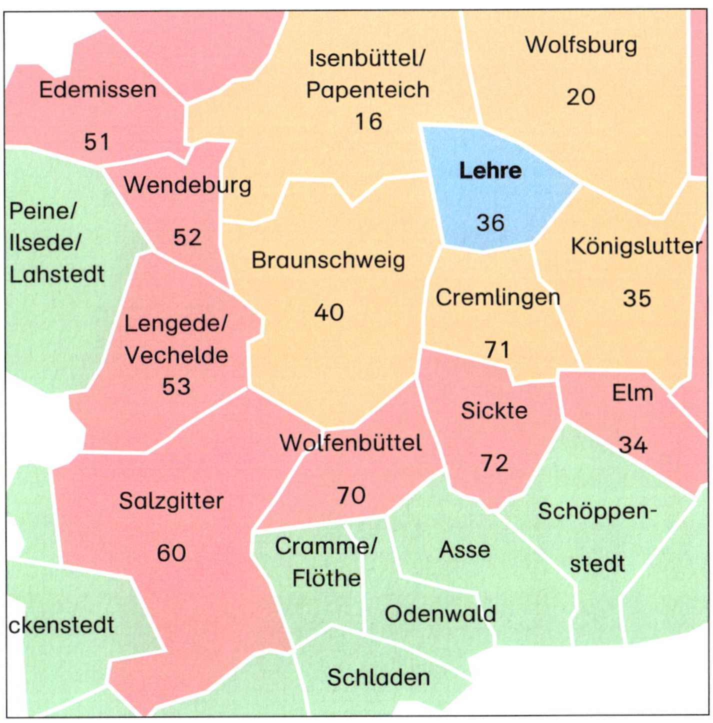

Der günstigste Preis ist: ________

Das ist wichtig:

Diagramme zu lesen, ist gar nicht so leicht! Zuerst musst du die beschrifteten Ränder betrachten. Man nennt sie **„Achsen“**. Eine Achse zeigt z. B. die Mengen insgesamt an, die andere zeigt deren Verteilung an.

1 Die Grundschule Blumental setzt sich für die Umwelt ein. Damit der Müll in den Klassen nicht überhand nimmt, haben sie vereinbart, dass jedes Kind zum Frühstück eine Brotdose mitbringt, statt das Pausenbrot in Folie oder Papier zu wickeln. Außerdem füllen sie ihre Getränke in Trinkflaschen und verzichten so auf Tetrapacks oder Trinkpäckchen, deren Verpackungen in den Müll geworfen werden müssen.

Sieh dir unten das Balkendiagramm an, und beantworte danach diese Fragen dazu.

a) Welche zwei Klassen haben die meisten Schüler? _____ und _____

b) In welchen zwei Klassen gibt es die meisten Brotdosen? _____ und _____

c) In welchen zwei Klassen gibt es die meisten Trinkflaschen? _____ und _____

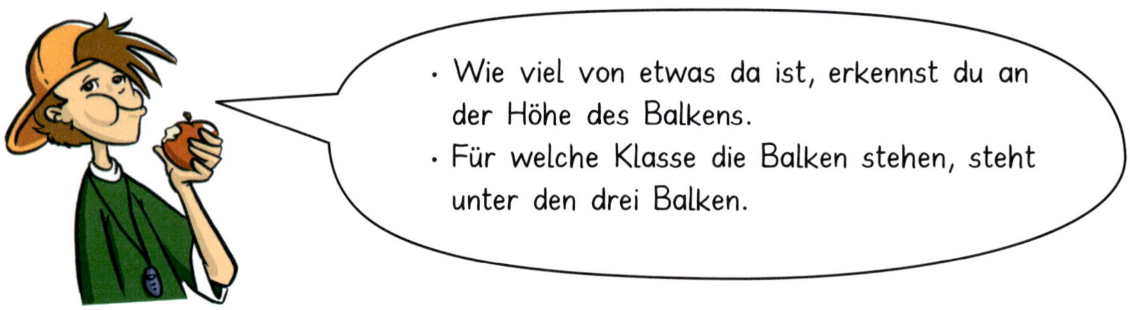

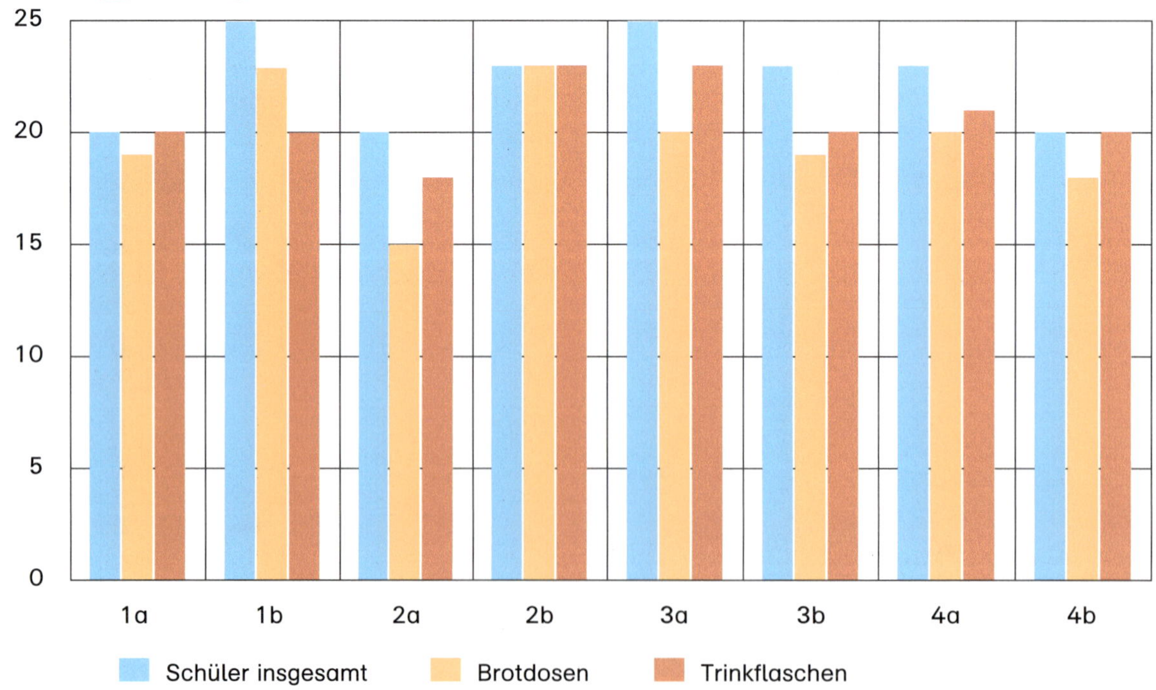

2 Löse die Aufgaben mithilfe des Diagramms auf Seite 118.

a) In welcher Klasse sind genau 20 Schüler? ______, ______ und ______

b) In welcher Klasse sind genau 25 Schüler? ______ und ______

c) In welcher Klasse haben nur 15 Schüler eine Brotdose? ______

d) In welcher Klasse haben genau 20 Schüler eine Trinkflasche?

______, ______, ______ und ______

e) In welcher Klasse haben mehr als 20 Schüler eine Brotdose? ______ und ______

f) In welcher Klasse haben mehr als 20 Kinder eine Trinkflasche?

______, ______ und ______

Realschul-Check

3 a) In welcher Klasse haben alle Schüler sowohl Brotdose als auch Trinkflasche? ____________________

b) In welchen Klassen hat jeder Schüler eine Brotdose? ____________________

c) In welchen Klassen hat jeder Schüler eine Trinkflasche? ____________________

4 Da einige Schüler sich noch nicht an die Vereinbarung halten, werden sie noch einmal daran erinnert, sich eine Brotdose oder Trinkflasche anzuschaffen.

Liebe/r ____________________,
besorge dir eine Trinkflasche!

Liebe/r ____________________,
besorge dir eine Brotdose!

a) Schätze, wie viele Erinnerungszettel für Brotdosen gebraucht werden. Kreuze an:

☐ 5 ☐ 20 ☐ 25 ☐ 50 ☐ 100 ☐ 500

b) Schätze, wie viele Zettel für Trinkflaschen gebraucht werden. Kreuze an:

☐ 1 ☐ 15 ☐ 30 ☐ 50 ☐ 100 ☐ 500

Das ist wichtig:

- Lies dir die Texte genau durch, um zu überprüfen, welche Dinge benötigt werden.
- Besorge dir alle nötigen Materialien, bevor du mit der Arbeit beginnst.

1 Markiere alle Wörter im Text auf der rechten Seite grün, die dir sagen, was du tun musst, wenn du einen Plastiktütendrachen bauen willst. Achtung, der Text ist nicht in der richtigen Reihenfolge.

Bau dir einen Plastiktütendrachen

1.

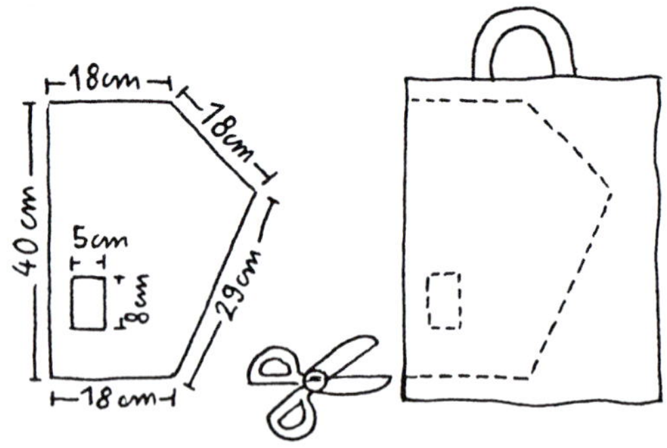

2.

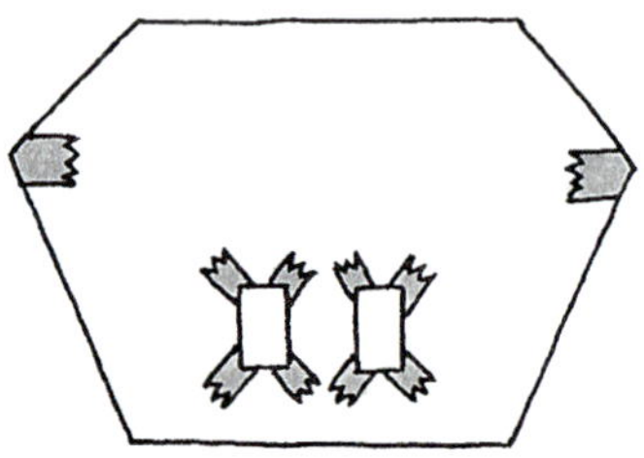

3.

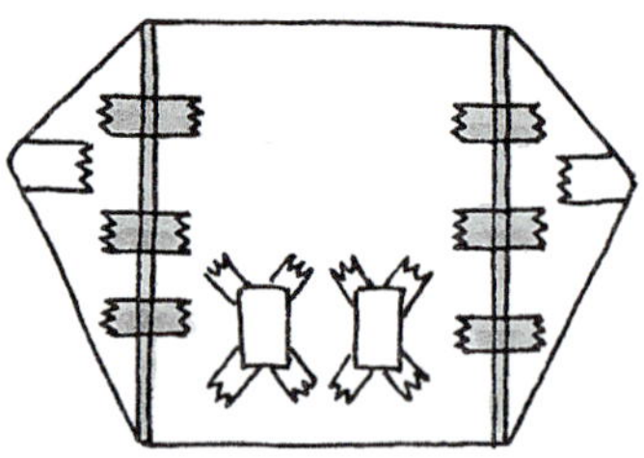

4.

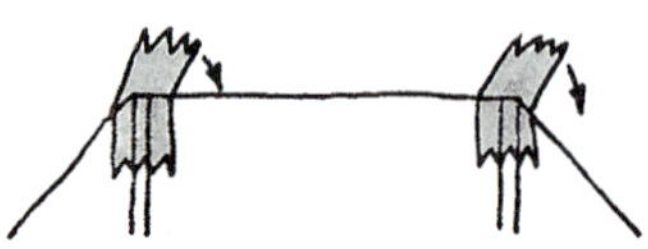

a.

Säge deine beiden Holzstäbe auf jeweils 40 cm. Klebe sie mit Klebeband fest.

b.

In die Mitte der Schnur knotest du eine Schlaufe.

c.

Oben und unten musst du die Holzstäbe so festkleben, dass das Klebeband über die Ecke auf die Rückseite ragt.

d.

In diese Löcher knotest du eine Schnur, die ein bisschen länger ist, als dein Drache breit ist.

5.

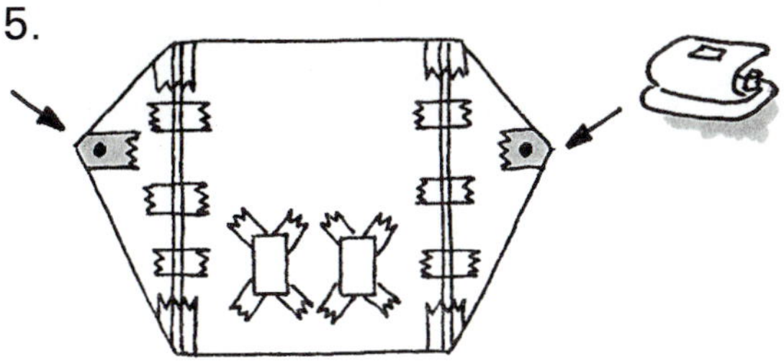

e.

An dieser Schlaufe befestigst du nun den Rest deiner Drachenschnur. Fertig!

6.

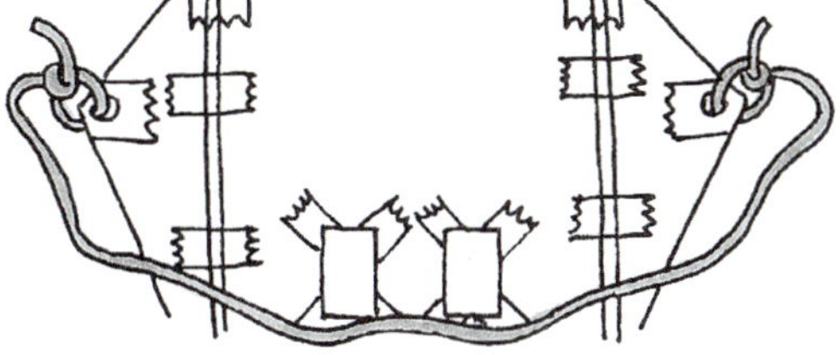

f.

Klappe den Drachen nun auf. Die beiden äußeren Enden verstärkst du mit Klebeband. Umklebe auch die Fensterecken vorne und hinten.

7.

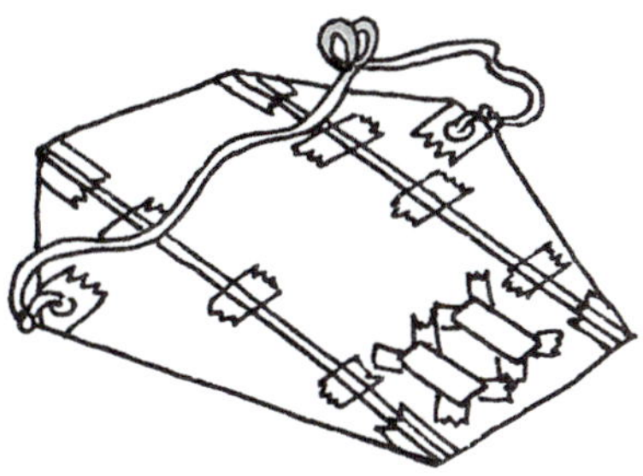

g.

Mit einem Locher klickst du nun ein Loch in die rechte und linke Ecke.

8.

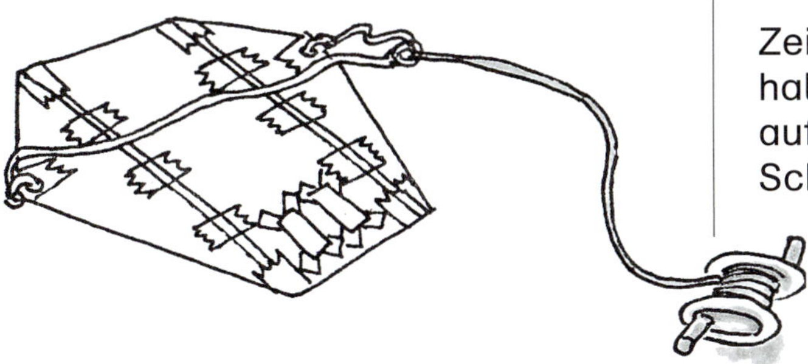

h.

Zeichne mit Folienstift und Lineal die halbe Drachenform und ein Fenster auf die Tüte. Schneide dann mit einer Schere entlang der Linien aus.

2 Notiere hier, welcher Buchstabe zu welcher Zeichnung gehört:

1	2	3	4	5	6	7	8

3 Auch Bilder muss man lesen können! Für einige Arbeitsschritte gibt es hilfreiche Bilder, die jeder versteht, der sie kennt. Überlege, was diese Bilder bedeuten könnten, und schreibe die passenden Verben darunter.

sägen   lochen   hämmern   backen

kleben   umrühren   kochen   schneiden

a) ____________

b) ____________

c) ____________

d) ____________

e) ____________

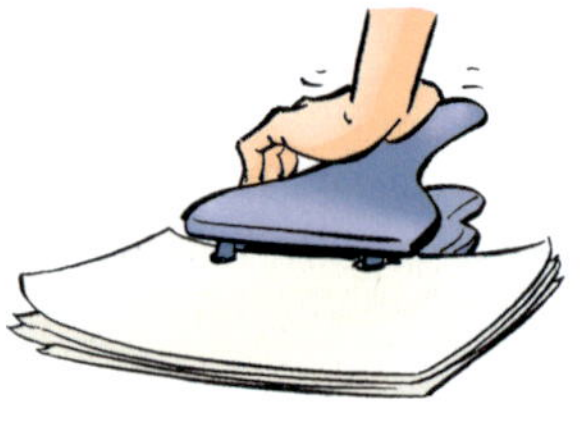

f) ____________

g) ____________

h) ____________

Realschul-Check

4 In der Bauanleitung auf Seite 120 und 121 fehlt die Materialliste. Sieh dir den Text und die Bilder noch einmal genau an. Schreibe eine Liste aller benötigten Materialien.

Du brauchst:

____

____

____

____

____

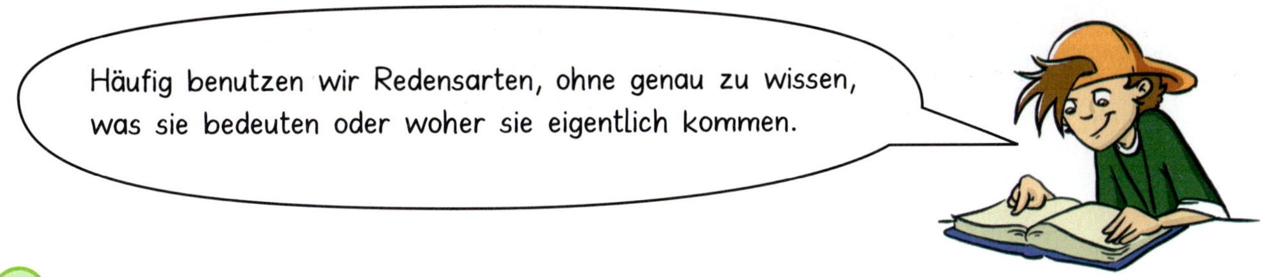

1 Kreuze an, was diese Redewendungen bedeuten.
Schlage sie in einem Wörterbuch nach, wenn du sie nicht kennst.

wie Pech und Schwefel

- ☐ es stinkt ziemlich
- ☐ zusammenhalten, unzertrennlich sein
- ☐ besonderes Unglück haben
- ☐ etwas brennt stark
- ☐ einen chemischen Versuch durchführen

aus einer Mücke einen Elefanten machen

- ☐ zaubern
- ☐ Tiere gentechnisch verändern
- ☐ etwas stark übertreiben, zu ernst nehmen
- ☐ sich verkleiden
- ☐ jemanden ängstigen

jemanden hat es kalt erwischt

- ☐ jemand hat eine Erkältung
- ☐ jemand ist ins kalte Wasser gesprungen
- ☐ jemand wurde unangenehm überrascht
- ☐ jemand zittert vor Kälte
- ☐ jemand hat gelogen

Realschul-Check

2 Kennst du diese Redewendungen?

zarte Bande knüpfen

- ☐ Freundschaftsbändchen weben
- ☐ eine Bande gründen
- ☐ einen Heiratsantrag ablehnen
- ☐ eine Liebesbeziehung anfangen
- ☐ jemanden vorsichtig beschimpfen

um die Ecke gedacht

- ☐ man hat sich geirrt
- ☐ man fühlt sich im Recht
- ☐ jemanden ermorden
- ☐ kompliziert, umständlich denken
- ☐ man kann sich etwas nicht vorstellen

Name: Klasse: Datum:

1 Der Igel

Der Igel ist etwa 22 – 27 cm lang und 14 cm hoch. Auf dem Rücken hat er viele, fast gleich lange Stacheln, die etwa 3 cm lang sind. Bauch und Gesicht sind behaart. Seine Farbe geht von Erdfarben bis Grau und Braun. Auf seinem Stachelpanzer wimmelt es meist von Flöhen. Die Ohren sind breit und rund, seine Augen schwarz und klein. Er besitzt eine spitze Schnauze, die in einem kleinen Rüssel endet.

Der größte Teil seiner Nahrung besteht aus Insekten, daneben auch aus Regenwürmern, Nacktschnecken, kleinen Vögeln und gelegentlich Mäusen.

Der Igel ist ein Einzelgänger, aber ein- bis zweimal im Jahr, meist im Juni/Juli, bekommt das Igelweibchen drei bis sechs blinde Junge mit weichen, weißen Stacheln. Die Jungen kommen in einem gut gepolsterten Versteck zur Welt. Eineinhalb Monate später sind sie schon selbstständig und suchen sich ihre Nahrung alleine.

Der Igel ist ein Dämmerungs- und Nachttier. Den Tag verschläft er in seinem großen Nest, das er sich aus kleinen Ästen, Blättern, Stroh und Heu gebaut hat. Igel findet man in dichtem Gebüsch, in hohlen Baumstämmen, in Gartenhecken oder in Laubhaufen. Sie machen einen langen Winterschlaf und rollen sich dazu in einem trockenen, vor Kälte geschützten Versteck ein. Noch bevor die kalten Tage kommen, fressen sie sich Fettvorräte an. Igel legen keine Wintervorräte an.

Die verschiedenen Feinde des Igels sind Fuchs, Uhu, Hund und Dachs. Auch von Menschen vergiftete Nahrung (Schnecken- und Insektengift) gefährdet ihn. Die größte Gefahr für den Igel sind aber die fahrenden Autos! Da der Igel bei drohender Gefahr nicht flüchtet, sondern sich zu einer stacheligen Kugel einrollt, wird er auf Landstraßen und Autobahnen oft totgefahren.

Lies dir den Text zuerst genau durch. Markiere im Text die Stellen, die Antworten auf die folgenden Fragen geben:

a) Was sagt der Text über die Größe des Igels?
b) Wie sind Bauch und Gesicht?
c) Wie sehen die Schnauze und die Augen des Igels aus?
d) Wie sehen neugeborene Igeljunge aus?

	5 P.

2

Beantworte die folgenden Fragen zum Text.

Aus welchen Materialien baut sich der Igel sein Nest?

____

	4 P.

Name: Klasse: Datum:

3 Wovon ernährt sich der Igel?

____

	5 P.

4 Wie lange versorgt die Igelmutter ihre Jungen, bis sie selbstständig auf Nahrungssuche gehen?

____

	1 P.

5 Wann begegnest du einem Igel wahrscheinlich **nicht**?

☐ im Sommer ☐ im Winter ☐ wenn es hell ist ☐ nachts

	2 P.

6 Schreibe alle Orte auf, an denen du Igel finden kannst.

____

____

	4 P.

7 Begründe, warum Autos die größte Gefahr für den Igel darstellen.

____

____

____

	2 P.

Name: Klasse: Datum:

8 Weil ein Igel während des Winterschlafs fast die Hälfte seines Gewichts verliert, muss er im November etwa 700 Gramm wiegen, damit er den Winter überleben kann. Tierheime und „Igelstationen" nehmen im Herbst zu dünne Tiere auf, um sie „aufzupäppeln". In diesem Diagramm kannst du ablesen, wie viel der Igel Toni zugenommen hat.

Tonis Gewicht

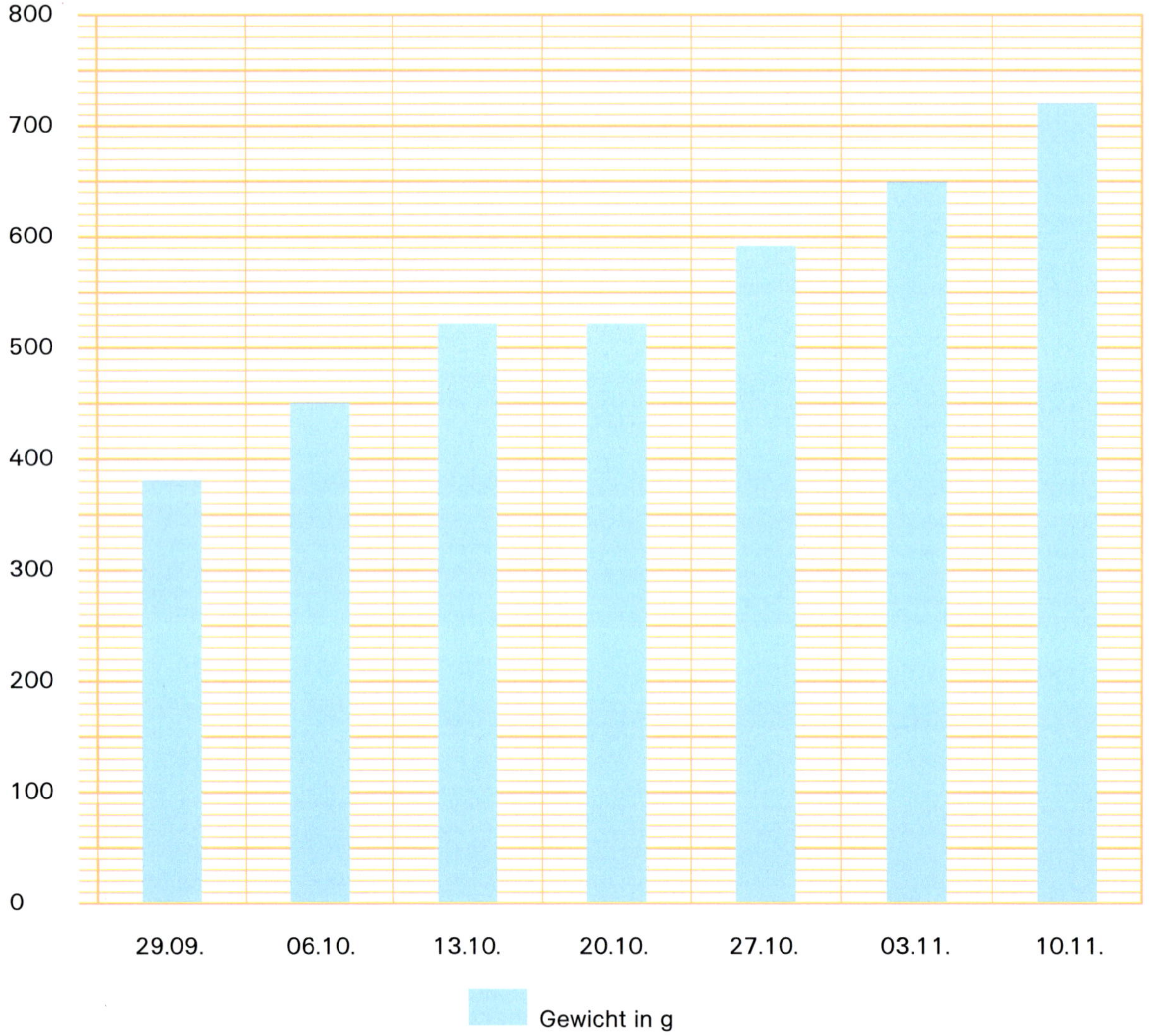

a) In welcher Woche hat Toni nicht zugenommen?

____

b) Kann Toni diesen Winter überleben? Kreuze an: ☐ ja ☐ nein

6 P.

Name: Klasse: Datum:

9 Dem Igel Otto ging es nicht so gut wie Toni. Zeichne ein Balkendiagramm, und trage die Werte der Tabelle dort ein. Beschrifte das Diagramm!

Gewichtszunahme Otto:

03.10.	350 g
10.10.	375 g
17.10.	400 g
24.10.	425 g
31.10.	450 g
07.11.	450 g
14.11.	500 g
21.11.	525 g
28.11.	550 g

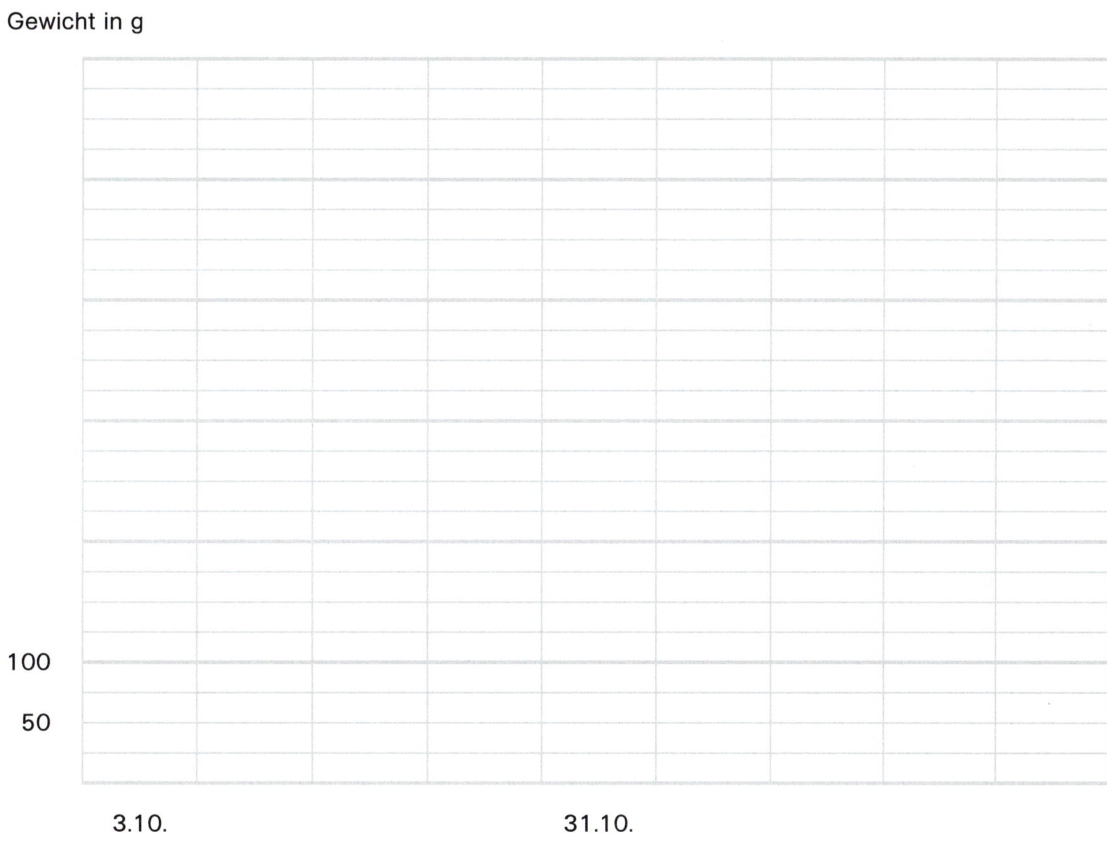

9 P.

In diesem Test habe ich ☐ Punkte von insgesamt 38 Punkten erreicht.

Das entspricht der Note ☐. (Schau in den Lösungen auf Seite 32 nach).

Liebe Eltern,

vermutlich steht bei Ihrem Kind bald die Entscheidung an, welche weiterführende Schule es besuchen wird. Sie wünschen sich, dass Ihr Kind mindestens den Sprung auf die Realschule schafft und möchten dies durch den Kauf dieses Arbeitsheftes unterstützen. Eine gute Wahl, denn diese Lernhilfe bereitet Ihr Kind optimal auf den Wechsel vor.

Dieses Heft wiederholt alle wichtigen Themen des Faches Deutsch des 4. Schuljahres:

- Jede **Doppelseite** enthält einen **Merkkasten mit Regeln** zu einem Thema.
- Der **Merkkasten** hilft, bereits Gelerntes zu wiederholen und Lücken zu schließen.
- Außerdem gibt es jede Menge **Übungen**, in denen die Regeln angewendet werden.
- Die **Realschul-Check-Aufgaben** überprüfen noch einmal passgenau, ob Ihr Kind das Gelernte verstanden hat und anwenden kann. Werden diese Aufgaben richtig gelöst, sollte dem Weg in die Realschule nichts im Wege stehen. Am Ende eines Kapitels kann Ihr Kind einen Abschlusstest schreiben. Im Lösungsheft finden Sie eine Auswertung.

Wie Sie Ihr Kind unterstützen können

Je selbstständiger ein Kind in der 4. Klasse ist, desto besser ist dies für seine Zukunft. Wenn Ihr Kind alleine arbeiten möchte und kann, wunderbar! Wenn es aber nicht alleine zurecht kommt, halten Sie sich für Fragen bereit. Versteht es Regeln nicht, versuchen Sie, diese nochmals geduldig in eigenen Worten zu erklären. Dann sollte Ihr Kind die Umsetzung der Regeln trainieren und Aufgaben lösen. Hat Ihr Kind seine Sache gut gemacht, dann loben Sie es. Denn Lob und Erfolg sind der beste Ansporn, am Ball zu bleiben und weiter zu üben.

Am besten ist es, wenn Ihr Kind regelmäßig kleine Lernportionen, z. B. immer eine Doppelseite, bearbeitet. Dann bleibt das Gelernte besser im Gedächtnis als dies nach langen Lerneinheiten der Fall ist. Achten Sie auch darauf, dass Ihr Kind einen ausreichend großen, hellen Arbeitsplatz hat und ungestört ist. Fernseher, Radio etc. lenken vom Lernen ab. Frische Luft hilft ihm, sich besser zu konzentrieren.

Fordern, nicht überfordern

„Bloß nicht Hauptschule!“, meinen Sie? Vergessen Sie nicht, dass unser Schulsystem durchlässig ist. Es gibt je nach Bundesland unterschiedliche Möglichkeiten, nach dem Hauptschulabschluss den Realschulabschluss zu erreichen und auch noch das Abitur zu machen. Wichtig ist, bei allen Fördermaßnahmen nicht den individuellen Lernprozess des Schülers aus den Augen zu verlieren. Für die Entwicklung eines Kindes kann es besser sein, dass es zunächst auf der Hauptschule gut mitkommt und positive Lernerfolge hat. Das ist besser, als auf der Realschule permanent schlechte Noten zu bekommen und sich als Versager zu fühlen. Wenn sie darauf achten, dass Ihr Kind Erfolgserlebnisse hat, wird es die Freude am Lernen nicht verlieren. Das ist die beste Voraussetzung für eine erfolgreiche Schullaufbahn. Alles Gute!